CE LIVRE VA ÊTRE LU, DÉCORTIQUÉ, ANNOTÉ, COMPLÉTÉ PAR

☐ MONSIEUR ☐ MADAME ☐ MADEMOISELLE ☐ DAMOISEAU

PRENOM

NOM

UN ENTREPRENEUR

☐ AVENTUREUX ☐ FOU ☐ PASSIONNÉ ☐ PRAGMATIQUE ☐ INGÉNIEUX

☐ LUNATIQUE ☐ VISIONNAIRE ☐ DU DIMANCHE ☐ CURIEUX ☐ AUTRE

SI PAR MÉGARDE VOUS RETROUVEZ CE LIVRE ABANDONNÉ, MERCI DE BIEN VOULOIR LE RESTITUER AU

ADRESSE

EN ÉCHANGE DE

☐ SA GRATITUDE ÉTERNELLE ☐ 5% DES PARTS DE SA STARTUP ☐ UN BISOU BAVEUX

☐ UN VERRE DE BLANC AU TROQUET DU COIN ☐ AUTRE

ISBN : 978-2-9547960-0-0 • Les Editions " Maddyness et La Petite Etoile "

NOS FANTASTIQUES SPONSORS

MAZARS

august & debouzy avocats

fnac pro

BACKPACK · SE PRÉPARER À L'AVENTURE ENTREPRENEURIALE

CRÉDITS

DIRECTEURS DE LA PUBLICATION

La Petite Etoile & Maddyness

AUTEURS

Margaux Derhy, Julien Bengué,
Louis Carle, Etienne Portais

CONTRIBUTEURS
(LES TIPS & TRICKS DU BOUQUIN VIENNENT D'EUX)

Nicolas Salin pour Marseille (VeryLastRoom.com), Nathan Hallouin pour Lyon (MonsieurGourmand.com), Manon Sibra et Edouard Forzy pour Toulouse, Willy Braun (France Digitale), Nathan Grass (Chaire Entrepreneuriat), Roxanne Varza (Microsoft Spark), Jonathan Azoulay (Urban Linker), Mortaza Karimi (Distribeo), Amaury Courbon (Jaina Capital), Antoine Amiel (Learn Assembly), Anne Gravot, Elsa Charrier, Benjamin Blachère (Slap Digital), Benoit Bazzocchi (Smart Angels), Charlotte Cady, Magali Olivier (Atlantic 2.0), & Sarah Lopez

DIRECTION ARTISTIQUE & TYPOGRAPHIE

Studio3Pièces & Claire Lise Bengué

WWW.STARTUPBACKPACK.CO

CRÉDITS 6

AVANT PROPOS 7

1.TU T'OUTILLERAS 10

2.TU TE DOCUMENTERAS 36

3.TU NETWORKERAS 58

4.TU SURPRENDRAS 70

5.TU T'HÉBERGERAS 84

6.TU TE PERFECTIONNERAS 98

7.TU GAGNERAS 114

8.TU TE FINANCERAS 120

9.TU RECRUTERAS 132

10. TU TE REPOSERAS 138

REMERCIEMENTS 160

CHER LECTEUR,

Entreprendre est la nouvelle grande aventure du XXIème siècle, mais ce n'est pas une chose facile, alors autant être équipé. Que tu lises ce livre en tant qu'étudiant avec plein d'idées en tête, manager aguerri ou serial entrepreneur, tu as déjà tout ce qu'il faut pour entreprendre.

Nous proposons dans ce petit recueil de te faire découvrir plein de conseils et lieux emblématiques de la scène française, une sorte de guide et d'annuaire contenant énormément de « bons plans », outils et autres plaisirs à partager en France et aux USA.

Pour nous, ces 10 chapitres structurants sont une source d'inspiration forte, et nous insistons sur le fait qu'ils peuvent permettre à beaucoup de start-ups, jeunes entreprises ou autres projets, de mieux connaître leur environnement et de s'y intégrer de la meilleure manière possible.

Rappelons que ce guide est issu d'une réflexion complètement altruiste. Nous sommes confiants en l'avenir des entrepreneurs français et nous souhaitons apporter à tout cet écosystème un ouvrage de référence, susceptible d'aider à entreprendre et à rassembler la communauté autour d'un guide commun.

Bonne lecture !

Margaux, Julien, Louis & Etienne.

1

TU T'OUTILLERAS

IMAGINEZ UN MAÇON VENIR
SUR UN CHANTIER SANS SA TRUELLE.
UN ENTREPRENEUR,
C'EST UN PEU LA MÊME CHOSE,
ALORS NE NÉGLIGE SURTOUT PAS
LES OUTILS QUE TU VAS UTILISER
POUR LANCER TON ENTREPRISE.
CE CHAPITRE EST BIEN ÉVIDEMMENT
UNE SIMPLE SUGGESTION,
MAIS TU N'Y RETROUVERAS QUE DU BON...

MY VERY OWN
SMARTPHONE KIT

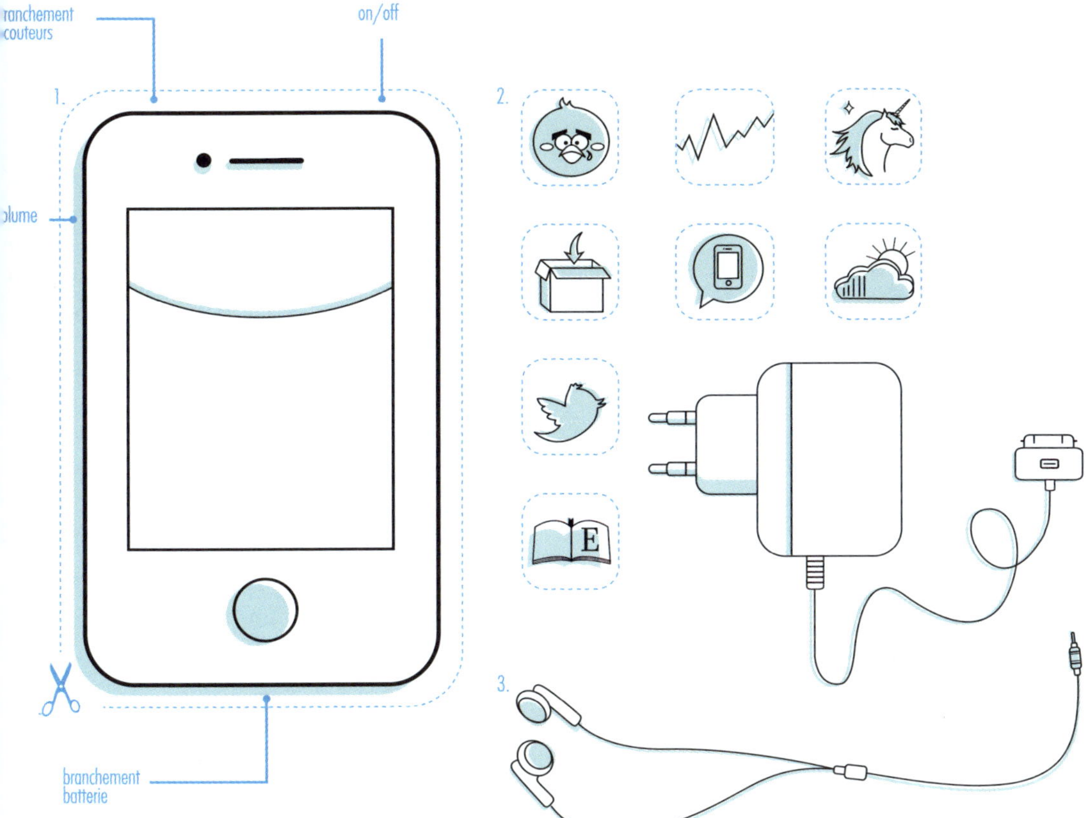

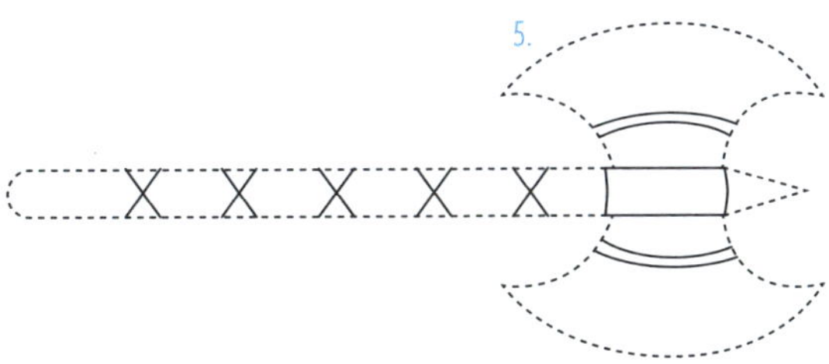

1. Découpe ton smartphone en suivant les pointillés /

2. Choisis les applications que tu veux coller sur ton smartphone

3. Peur des ondes qui pourraient griller tes neurones ?
Branche tes écouteurs sur ton smartphone ! /

4. Tu n'as plus de batterie, branche le chargeur sur secteur. /

5. À n'utiliser qu'en cas de burnout extrême.

CONSTRUIRE TON IDENTITÉ

TROUVER L'INSPIRATION

DESIGNSPIRATION
designspiration.net

Tu peux trouver et partager tout ce que tu trouves d'intéressant sur le web en termes de design. Une bonne source d'inspiration pour trouver des typos, des visuels ou tout simplement des designs insolites de sites internet ou appli mobiles.

IT'S NICE THAT
itsnicethat.com

Des interviews, des présentations de designers, des analyses sur les tendances actuelles. Voilà un site où tu trouves l'inspiration à coup sûr.

PITCHMOTION
pitchmotion.com

Ce site recense les pitch vidéos de startups et d'entrepreneurs et peut te servir pour t'inspirer durant tes présentations ou pour t'aider à réfléchir au scénario de ta propre vidéo.

THE BEST DESIGNS
thebestdesigns.com
@TheBestDesigns

Sur The Best Designs tu trouves de l'inspiration pour le design de ton site parmi une sélection de sites web. Idéal aussi pour trouver des designs de blogs et de sites à acquérir puisque le site permet aussi d'acheter des templates de sites internet.

FLATDESIGN
fltdsgn.com · *@fltdsgn*

Flat Design présente une sélection mondiale des meilleurs designs de site internet qui utilisent le « flat style ». Classés par catégories, les exemples ont de quoi t'inspirer plus que largement.

BEHANCE.NET
behance.net

Ce site fut l'un des premiers à permettre aux designers de se créer un portfolio sur le web. Il est aujourd'hui l'un des plus complets, tu peux être sûr d'y trouver ce que tu recherches pour t'inspirer.

SMASHING MAGAZINE

smashingmagazine.com
@smashingmag

Ce site est super si tu souhaites être informé des dernières tendances ou t'inspirer des visuels proposés au fil des pages. De plus, tous les mois, il est possible de télécharger de jolis fonds d'écran avec calendrier intégré.

TROUVER SON LOGO

LE LOGO, C'EST L'IDENTITÉ DE TA STARTUP. IL EST DONC TRÈS IMPORTANT DE TROUVER UN LOGO QUI FASSE BONNE IMPRESSION ET QUI SOIT IMPACTANT. SI TU N'AS PAS DE GRAPHISTE DANS TON ÉQUIPE, IL EXISTE HEUREUSEMENT DES SOLUTIONS POUR T'AIDER.

CREADS

creads.org · *@Creads*

Creads est une agence de design participative française. Pour la réalisation des designs de tous types de supports de communication (logo, web-design, etc.), l'agence fait appel à la créativité de milliers d'internautes (plus de 40 000). Un bon moyen d'allier qualité et originalité.

99DESIGNS

99designs.fr · *@99designs_fr*

99designs est un des leaders en matière de design graphique. Le principe est le même que pour Creads : tu organises un concours de design durant lequel des milliers de créateurs s'affrontent pour créer le design que tu recherches. Et si tu ne trouves pas ce qui te correspond, tu es intégralement remboursé.

TROUVER DES TYPOS

TROUVER DES TYPOGRAPHIES ORIGINALES (OU POLICES) POUR TES PRÉSENTATIONS ET TON SITE, EST TOUJOURS UTILE AFIN DE FAIRE LA DIFFÉRENCE. PETITE SÉLECTION DE SITES POUR AFFIRMER TON ORIGINALITÉ ET TON BON GOÛT.

GOOGLE FONTS

google.com/fonts

Google propose un service assez complet de typographies en ligne. La sélection n'est pas exhaustive mais présente l'intérêt indéniable de pouvoir être importée tout de suite sur ton site web, ce qui n'est pas toujours le cas d'autres sources.

MY FONTS

myfonts.com

Une large collection de typos, classées notamment par le nombre de téléchargements ou par différents tags. La plupart des typos sont payantes, compte entre 10 et 100$ pour une police. D'autres sont téléchargeables gratuitement, heureusement.

NOTES DU LECTEUR

«

DON'T TRY TO BE ORIGINAL, JUST TRY TO BE GOOD.

»

PAUL RAND

© JENNIFER TROVATO

LOSTTYPE
losttype.com

Un joli site avec une sélection pointue de typos sympas et joliment présentées. Ici, c'est toi qui décides du prix que tu veux mettre pour télécharger la police souhaitée (de 0 à « Je donne ce que je veux »).

DAFONT
dafont.com

Dafont présente des polices gratuites ou payantes et rangées par style : de classique à futuriste, en passant par bande dessinée ou graffiti. Ici, tu as l'embarras du choix.

TROUVER DES PHOTOS

POUR ILLUSTRER TON PROJET OU TON SITE AVEC DES PHOTOS, IL N'EST PAS TOUJOURS FACILE DE TROUVER CELLES QUI CONVIENNENT.

GOOGLE IMAGES
google.fr/advanced_image_search

Lorsque l'on est à la recherche d'une photo ou d'une illustration, le premier réflexe peut être de se tourner vers Google Images, aussi efficace pour les images que les sites web. Attention, par défaut, la recherche inclut toutes les photos, les images libres de droits comme celles protégées par le droit d'auteur. Petit conseil pratique : l'option « libres de droits d'usage ou de distribution, y compris à des fins commerciales » est paramétrable dans la recherche avancée.

PINTEREST
pinterest.com

On ne présente plus le fameux réseau social qui permet de partager des photos selon ses goûts et ses envies, et donc d'illustrer ses projets avec soin. Vérifie bien la licence d'exploitation des photos choisies avant de les utiliser.

NOTES DU LECTEUR

FLICKRCC
flickrcc.net

FlickrCC, pour Flickr Creative Commons, regroupe toutes les photos présentes sur Flickr qui sont désignées par leurs auteurs comme utilisables sous licence. Tu peux ainsi utiliser ces photos pour un usage commercial, simplement en citant le photographe en crédits : extrêmement pratique.

COMPFIGHT
compfight.com

Compfight est un moteur de recherche qui permet de chercher des photos libres de droits parmi celles présentes sur Flickr. Un moyen simple de naviguer rapidement parmi l'importante banque d'images du site.

FOTOLIA
fr.fotolia.com

Le site propose un certain nombre de fichiers gratuits et libres de droits (0 crédits). Si l'accès au service est totalement libre, il est tout de même nécessaire de créer un compte pour télécharger les images.

STOCKVAULT
stockvault.net

Stockvault est un site indépendant, permettant aux photographes, designers et étudiants de partager leurs créations (photographies, illustrations, images vectorielles, etc.) avec les internautes. À ce jour, le service accueille en moyenne 10 000 visiteurs uniques par jour, près de 60 000 personnes détiennent un compte et plus de 38 000 images gratuites sont déjà disponibles !

TROUVER DES PICTOGRAMMES

TROUVER DES IMAGES OU DES PICTOGRAMMES POUR TON SITE N'EST PAS CHOSE AISÉE. VOICI DEUX SITES SUR LESQUELS TU PEUX TROUVER TON BONHEUR ET AGRÉMENTER TES SUPPORTS AVEC DE JOLIS SETS D'ICÔNES.

ICONMONSTR
iconmonstr.com · @iconmonstr

Des icônes pour tes projets disponibles gratuitement et dans des tailles différentes. Pratique.

THE NOUNPROJECT
thenounproject.com · @nounproject

Plein d'icônes sympas et éclectiques. Il y en a pour tous les goûts et sensibilités.

PERSONNALISER TES SIGNATURES D'EMAIL

PARCE QU'IL EST ÉVIDENT QU'IL EST IMPORTANT DE METTRE UNE SIGNATURE À SES EMAILS, AUTANT TROUVER DES OUTILS QUI TE PERMETTENT D'OPTIMISER CELA.

WISE STAMP

wisestamp.com • @WiseStamp

Une signature d'e-mail simple et efficace. Tu peux ajouter des liens redirigeant vers ton site et les réseaux sociaux. Petit bémol : dans la version gratuite, un petit mot apparaît sous la signature précisant qu'elle provient de Wise Stamp.

BRANDMYMAIL

brandmymail.com

BrandmyMail te permet de personnaliser ta signature e-mail pour ton compte Gmail avec des photos et des liens redirigeant vers tes principaux sites. Tu peux également décider de partager des vidéos dans tes e-mails, à l'aide d'un petit encart réservé à cet effet.

BOOSTER TES PRÉSENTATIONS

PARCE QUE TOUT BON ENTREPRENEUR DOIT SAVOIR VENDRE SON PRODUIT PARFAITEMENT, IL DOIT ÉGALEMENT ÊTRE CAPABLE DE PRODUIRE LES PLUS BELLES PRÉSENTATIONS QUI SOIENT. VOICI QUELQUES SITES INTERNET POUR T'AIDER À METTRE DE LA VIE DANS TES SLIDES.

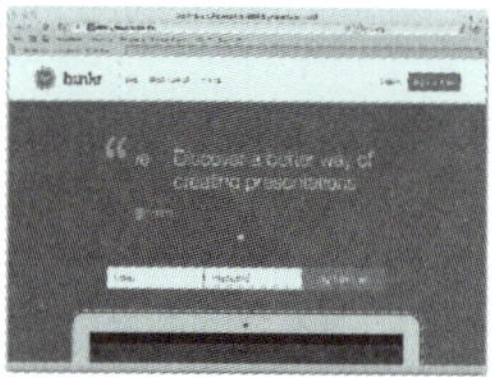

BUNKR *bunkr.me · @webappbunkr*

Bunkr est un outil permettant de faire des présentations, il permet de collecter des contenus sur le web et de les stocker dans une bibliothèque pour les organiser dans une présentation en HTML 5, PDF et Powerpoint.

PREZI *prezi.com · @prezi*

Prezi est une web application qui permet de créer des présentations non linéaires grâce à des transitions dynamiques. La surface de présentation est « infinie » et le passage d'une partie à une autre se fait grâce à différents effets programmables, notamment de zoom.

PITCHY *pitchy.fr*

Pitchy vous permet de générer votre vidéo personnalisée en quelques clics à partir de plusieurs dizaines de modèles de vidéos animées produits par des designers professionnels. Insérez votre texte, vos visuels, votre musique et votre voix-off et obtenez une vidéo professionnelle de haute qualité à prix dérisoire en quelques minutes !

POWTOON *powtoon.com · @powtoon*

Powtoon permet de créer des vidéos explicatives de façon très simple. Une alternative aux présentations statiques pour communiquer sur ton service ou ton produit.

SCREENY APP *screenyapp.com*

Voici un outil très pratique pour filmer son écran Mac et réaliser ainsi des vidéos ou des tutos à partager avec ses collègues, ses clients. Cela permet de rendre vivantes toutes les démos ou présentations du parcours utilisateur de ton produit.

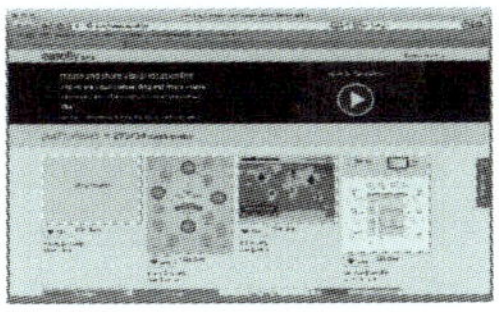

EASEL.LY *easel.ly · @easel_ly*

Cet outil te permet de réaliser de belles infographies sans difficultés pour ensuite les insérer dans le PowerPoint ou le Prezi de ton Business Plan ou de ton pitch !

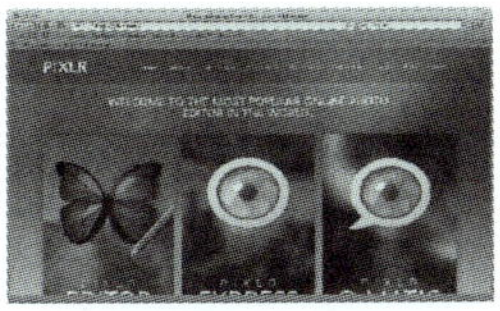

PIXL.R *pixlr.com · @pixlr*

Grace à Pixl.r tu n'as plus besoin d'être un pro de Photoshop, tu peux recadrer, découper et ajuster tes photos sans le moindre problème. Pratique puisqu'il n'est pas nécessaire d'installer un programme pour s'en servir.

REBUS-O-MATIC *rebus-o-matic.com*

Le générateur de rébus par excellence. Tu peux ainsi facilement t'en servir dans tes présentations pour détendre un peu l'atmosphère.

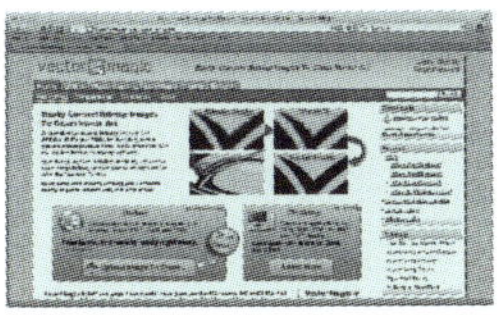

VECTOR MAGIC *vectormagic.com*

Cet outil t'aide à convertir des images « bitmap » en format « vectoriel ». Tu peux ainsi garder une bonne qualité d'image sur un grand format. Les deux premières conversions te sont offertes.

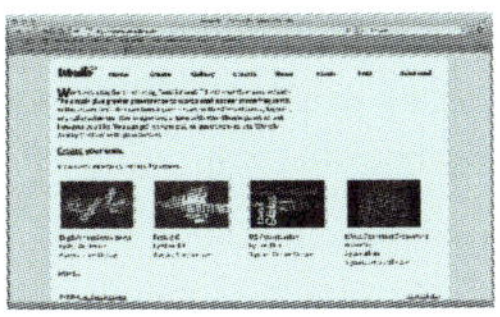

WORDLE *wordle.net*

Avec Wordle tu peux faire des nuages de mots à partir du texte de ton choix. Tu y trouves plusieurs styles différents pour le cumulus de tes rêves.

COLOURLOVERS *colourlovers.com*

Colourlovers est une communauté proposant des palettes de couleurs et des motifs qui te permettent de réaliser une charte graphique cohérente et réussie dans ta présentation ou sur ton site internet.

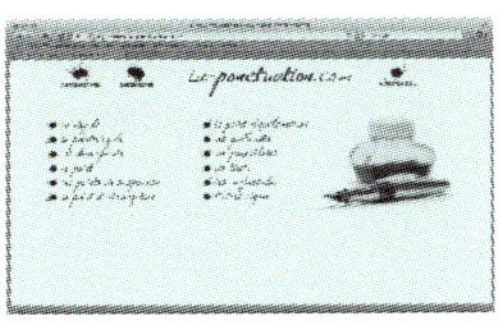

LA-PONCTUATION.COM *la-ponctuation.com*

Tu as du mal avec la ponctuation dans la rédaction de tes documents ? La ponctuation est là pour t'aider à ne pas oublier de mettre un espace avant ton point-virgule et après ta virgule.

CRÉER TON SITE WEB ET TON APPLI MOBILE COMME UN PRO

CHOPER UN NOM DE DOMAINE

AVANT DE CRÉER TON SITE WEB ET DE RÉSERVER UN NOM DE DOMAINE, IL TE FAUT T'ASSURER DE LA DISPONIBILITÉ DU NOM DE DOMAINE CONVOITÉ.

DOMAIN TYPER
domaintyper.com

Notre petit chouchou pour trouver un nom de domaine disponible. Les autres très connus sont très facilement trouvables sur le web.

CRÉER TON SITE VIA UN OUTIL

ON NE NAÎT PAS TOUS AVEC UN TALENT INNÉ POUR LE CODE. POURTANT, ON AIMERAIT TOUS AVOIR UN JOLI SITE PERSONNALISÉ ET AUTHENTIQUE. VOICI QUELQUES SITES POUR T'AIDER À TROUVER UN WEBDESIGN QUI SAURA FAIRE LA DIFFÉRENCE.

WIX
wix.com · @Wix

Peut-être as-tu été spammé par Wix, notamment sur Facebook où ils sont très actifs... Qu'importe, l'outil a de belles solutions pour les novices de la création de site, le tout avec les meilleures méthodes de référencement, de partage sur les réseaux sociaux et de visualisation sur tous les supports (c'est-à-dire avec un design « responsive »).

SQUARE SPACE
squarespace.com · @Squarespace

Square Space est un site proposant des templates de sites internet « beautifully designed ». Plutôt dans l'air du temps, les modèles proposés sont de grande qualité et l'utilisation intuitive.

STRIKINGLY
strikingly.com · @Strikingly

Strikingly est une nouvelle solution tout droit sortie d'une startup membre du Y Combinator (l'incubateur phare de startups aux États-Unis qui a notamment vu passer Airbnb) et qui permet de réaliser son site web sur une page de manière rapide et intuitive.

MOCKFLOW
mockflow.com · *@mockflowapp*

Tu veux réfléchir à la structure de ton site? Fais tout simplement une maquette de tes besoins et réalise un prototype avec cet outil, qui rassemble tous les éléments à intégrer : page contact, construction du menu, bloc texte, espace images, etc.

MOQUPS
moqups.com · *@moqups*

Tu veux présenter des exemples de charte graphique? Avec Moqups tu simplifieras considérablement ton explication et tu gagneras du temps dans la présentation du design de ton nouveau site.

DES FRAMEWORKS INDISPENSABLES POUR ALLER PLUS LOIN

PETITE SÉLECTION DE SITES DE RÉFÉRENCE POUR BÂTIR TON SITE SANS SAVOIR CODER (OU PRESQUE).

WORDPRESS
wordpress.org · *@WordPress*

Wordpress te permet en quelques clics de créer ton propre blog ou site internet, parmi une sélection de plus de 200 thèmes entièrement personnalisables. Tu peux même acheter ton propre nom de domaine pour ton site internet, à partir de 13$ par an, et connecter ton site aux réseaux sociaux.

JOOMLA
joomla.fr · *@joomla*

Joomla est un système de gestion de contenu qui te permet de créer facilement et rapidement un site internet avec des fonctionnalités avancées comme la mise en place d'une boutique en ligne ou d'un forum, le tout sans connaissances techniques particulières. Pour l'anecdote, « Joomla » est une transcription du mot swahili qui signifie « tous ensemble »... évidemment, c'est de l'open source !

DRUPAL
drupal.org · *@drupal*

Drupal est également un site de gestion de contenu open source qui gère des milliers d'applications et de sites web et qui te permet de construire un site internet riche en fonctionnalités.

PRESTASHOP
prestashop.fr · *@PrestaShop*

PrestaShop te permet de construire un site de e-commerce et de mettre en place une boutique en ligne. Le site se destine aux marchands, aux TPE et aux grands comptes, et met à disposi

NOTES DU LECTEUR

« UNE IMAGE VAUT MILLE MOTS. »

CONFUCIUS

tion plus de 300 fonctionnalités pour rendre la vente sur internet la plus optimale possible.

MAGENTO

magentocommerce.com
@Magento

Magento offre des solutions de sites internet enrichis en contenus pour les entreprises de e-commerce, qu'elles soient de petite ou de grande taille. Magento accompagne également les entreprises avec des solutions de conseil et de mentoring.

HÉBERGER TON SITE EN FRANCE

UNE FOIS TON SITE FIN PRÊT À ÊTRE RENDU PUBLIC (FÉLICITATIONS !), IL TE FAUT MAINTENANT L'HÉBERGER. CHAUVAIN OU PAS, AUTANT LE FAIRE EN FRANCE !

OVH

ovh.com
@OVH

OVH est la plate-forme que nous te conseillons pour débuter. Acteur majeur du web Français, OVH est extrêmement puissant et simple à utiliser. Ils assurent un support de qualité et protègent ton identité numérique à des tarifs intéressants.

CLEVER CLOUD

clever-cloud.com
@clever_cloud

Clever Cloud est une startup nantaise qui apporte une solution innovante pour la gestion de ses serveurs. Tu ne paies que ce que tu consommes vraiment, un nouvel acteur de l'écosystème web à suivre de très près.

CRÉER TON APPLICATION MOBILE

L'AVENIR DU NUMÉRIQUE SERA MOBILE OU NE SERA PAS. L'AVÈNEMENT DU NOMADISME T'OBLIGE QUASI OBLIGATOIREMENT À DÉVELOPPER UNE VERSION MULTI-SUPPORTS DE TON SITE WEB. QUELQUES SITES PERMETTENT VRAIMENT TRÈS FACILEMENT D'AVOIR UNE VERSION POUR SMARTPHONE, PRATIQUE NON ?

CREATE YOUR APPS

createyourapps.com
@_createyourapps

Le site CreateYourApps permet la réalisation de son application mobile/tablette par soi-même. Avec un bel éditeur en WySiWyG (« WhatYouSeeIsWhatYouGet »), tu positionnes les éléments où tu veux et après validation du travail, l'application est en ligne.

Et si cela ne te suffit pas, voici d'autres sites que tu peux consulter pour produire ta superbe et ergonomique application mobile.

APPSIFY

appsify.me ; @appsifyme

TAP CANVAS

tapcanvas.com ; @TapCanvas

BIZNESS APPS

biznessapps.com ; @BiznessApps

BOOSTER TA PRODUCTIVITÉ

ÊTRE ENTREPRENEUR, C'EST AUSSI SAVOIR S'ORGANISER ET GÉRER PLUSIEURS CHOSES À LA FOIS. ON SAIT À QUEL POINT CELA PEUT ÊTRE DIFFICILE AU QUOTIDIEN. VOICI DES OUTILS POUR T'AIDER À AMÉLIORER TA PRODUCTIVITÉ ET DÉCUPLER TON POTENTIEL. COURAGE !

GÉRER TES RENDEZ-VOUS

UN BON ENTREPRENEUR SE DOIT D'ÊTRE PONCTUEL À SES RENDEZ-VOUS. LORSQUE C'EST DIFFICILE DE JONGLER AVEC SES ENTRETIENS, IL FAUT SE FAIRE AIDER AU QUOTIDIEN.

SUNRISE

sunrise.am

Sunrise est un calendrier gratuit qui te permet d'ordonner et de mettre à jour tes rendez-vous simplement, et t'aide à garder un œil sur ton emploi du temps surchargé. L'application intègre l'agenda Google, mais également celui de Facebook.

DOODLE MEETME

doodle.com

Doodle a développé un service entièrement gratuit pour proposer à des collaborateurs externes à ton entreprise de prendre des rendez-vous avec toi. Si tu as un emploi du temps de ministre, cette solution peut vraiment t'aider.

GÉRER TES MOTS DE PASSE

AVEC TOUTES LES APPLICATIONS QUE TU VIENS D'ADOPTER, TU RISQUES DE TE MÉLANGER LES PINCEAUX DANS TES MOTS DE PASSE. PAS DE PANIQUE, LÀ ENCORE IL EXISTE UNE SOLUTION.

DASHLANE

dashlane.com

Un gestionnaire de mots de passe multiplateforme qui stocke, génère et réutilise les mots de passe, le tout sécurisé grâce à un seul mot de passe. Facile !

GÉRER TES SPAMS

ENTRE TOUS TES CONTACTS, LES SITES MARCHANDS, LES NEWSLETTERS, TA BOÎTE MAIL N'EN FINIT PLUS DE GONFLER ET TU ES SUBMERGÉ D'EMAILS INUTILES ? CET OUTIL EST POUR TOI.

ONECUB

onecub.com · @Onecub

Onecub est une jeune startup française qui te permet de gérer et de trier de manière automatique tous les emails en

GÉRER TA F***ING TO-DO LIST

☑ **WIMI** *wimi.pro · @WimiPro*

Présentée comme la solution de gestion de projet par le travail collaboratif destinée aux entrepreneurs et aux petites et moyennes entreprises, Wimi simplifie le partage de documents et la gestion de projet au sein des entreprises, depuis une application web. Les données de l'entreprise sont centralisées et les utilisateurs peuvent y accéder à distance depuis n'importe quel terminal (iPhone, iPad, Android, etc.).

☑ **AZENDOO** *azendoo.com · @azendoo*

La startup bordelaise Azendoo a développé un outil qui facilite la gestion du travail de manière collaborative. Liste de tâches, attribution des missions, intégration avec Google Drive, Evernote et Dropbox. Azendoo se révèle être un service complet, qui te fait gagner des heures de gestion documentaire ou t'évite de perdre tes to-do lists à rallonge.

☐ **ASANA** *asana.com · @asana*

Une solution pour gérer une to-do list seul ou en équipe. Asana permet de créer une liste des tâches collaboratives, et ainsi de maintenir une équipe toujours au courant de ce qui est fait et de ce qu'il reste à faire.

☑ **WORKFLOWY** *workflowy.com · @WorkFlowly*

Workflowy est un outil organisationnel qui permet de mettre à jour tes notes, tes tâches et de travailler en équipe en partageant le contenu et les travaux de chacun.

☐ **ADVANSEEZ** *advanseez.com · @Advanseez*

Parti du constat que les décisions n'étaient pas prises assez rapidement, Advanseez a lancé son outil Managonweb, pour optimiser l'impact des décisions. Établir son plan d'action, avoir une vision d'ensemble grâce à un tableau de bord collaboratif et suivre l'avancée des tâches grâce aux indicateurs, voilà ce que tu peux faire avec ce logiciel.

provenance de sites marchands. Comment ça marche ? À ton inscription sur Onecub tu reçois une adresse e-mail unique (exemple@onecub.com) que tu utilises pour t'inscrire sur des sites comme Amazon ou la FNAC.com. Onecub trie alors les emails sans que tu aies à fournir le moindre effort, entre newsletters, commandes, supports, etc.

GÉRER TES APPLICATIONS AUTOMATIQUEMENT

NOTES DU LECTEUR

VOILÀ DE QUOI TE SIMPLIFIER LA VIE AU-DELÀ DE TES ESPÉRANCES. SI TOI AUSSI TU EN AS MARRE D'AVOIR À ACTUALISER MANUELLEMENT TES COMPTES FACEBOOK OU TWITTER, CET OUTIL EST FAIT POUR TOI.

IFTTT

ifttt.com • @IFTTT

Le principe est simple : « If this then that ». Avec un exemple, cela donne : « If [j'ajoute une photo sur Instagram] then [Je la publie sur Twitter] ». Avec 64 applications disponibles (Gmail, Youtube, Evernote, etc.), tu peux automatiser ta vie numérique d'une multitude de manières, et gagner un temps précieux. Pas la peine de nous remercier, c'est cadeau.

GÉRER TES NOTES DE FRAIS

DIFFICILE DE MÉMORISER TOUS LES FRAIS QUE TU AS AU QUOTIDIEN, ET DONC DE T'Y RETROUVER DANS TA COMPTABILITÉ.

FLUBBER

flubber.fr • @flubbersoftware

Flubber gère tes notes de frais et les valide automatiquement. Il te suffit de prendre en photo tes factures ou justificatifs, d'ajouter les détails correspondants et de valider.

SIGNER ET FAIRE SIGNER TES DOCUMENTS

EN TANT QU'ENTREPRENEUR, TU ES TRÈS SOUVENT AMENÉ À SIGNER DE NOMBREUX DOCUMENTS, CONTRATS, PAPIERS ADMINISTRATIFS. CONSERVE TON PLUS BEAU STYLO POUR LES GRANDES OCCASIONS, ET NUMÉRISE TA SIGNATURE AVEC CES OUTILS TRÈS PRATIQUES.

RIGHT SIGNATURE

rightsignature.com
@RightSignature

Right Signature te permet de signer électroniquement tes documents et de faire parvenir en trois étapes simples les documents à faire signer à tes collaborateurs et contacts. Pas d'inquiétude, les papiers signés à l'aide de l'application ont la même valeur juridique que ceux signés à la main. Il est également possible de signer directement sur ton Smartphone. Gain de temps assuré.

CONTRACT LIVE

contract-live.com · @Contractlive

Contract Live simplifie la manipulation du contrat en permettant aux différentes parties de le partager, de le modifier et enfin de le signer. Les parties peuvent suivre l'exécution du contrat et être alertées des échéances à venir.

ENVOYER DES DOCUMENTS VOLUMINEUX

TU AS BESOIN D'ENVOYER PAR EMAIL DES DOCUMENTS DONT LA TAILLE DÉPASSE LA CAPACITÉ D'ENVOI ? CES APPLICATIONS SONT LÀ POUR REMÉDIER À CE PROBLÈME.

WETRANSFER

wetransfer.com
@WeTransfer

WeTransfer te permet d'envoyer par mail des documents d'une taille pouvant aller jusqu'à 2Go gratuitement. Et si tu as besoin de plus, la version Premium te permet d'envoyer des documents pouvant atteindre les 5Go.

YOUSENDIT

yousendit.com · @yousendit

Après t'être inscrit sur YouSendIt, tu peux partager et stocker tes documents, avec des offres aux prix et aux fonctionnalités graduels.

© FOTOLIA

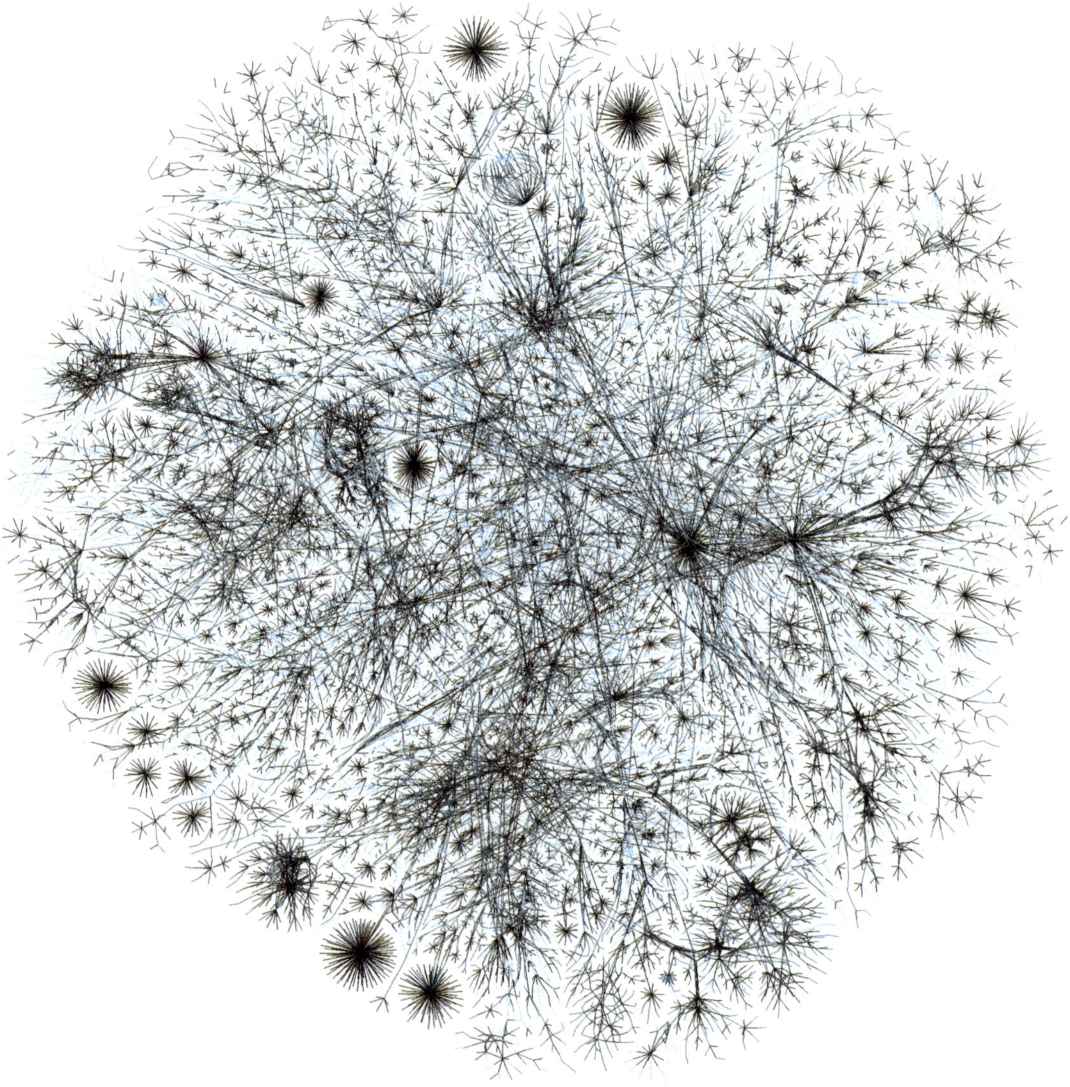

PREMIÈRE REPRÉSENTATION VISUELLE D'INTERNET

MASTERISER LES MÉDIA SOCIAUX

L'ENTREPRENEUR CULTIVE SON IMAGE DE MARQUE. AUJOURD'HUI, CELA PASSE AVANT TOUT PAR UN BON USAGE DES RÉSEAUX SOCIAUX.

OPTIMISER TON KLOUT

KLOUT (*n.m ; [cloute]*) : OUTIL PERMETTANT DE MESURER SON E-REPUTATION, C'EST-À-DIRE SA PRÉSENCE ET SON INFLUENCE SUR LES RÉSEAUX SOCIAUX.

HOOTSUITE

hootsuite.com • @hootsuite

Un tableau de bord récapitulatif de tout ce qui se passe sur tes réseaux sociaux, voici ce que t'apporte Hootsuite, en permettant également le partage d'un lien ou d'un texte sur tous les réseaux sociaux, en un clic. Un outil très utile pour un regard aiguisé sur le contenu partagé.

AWE.SM

totally.awe.sm • @awesm

Un outil marketing qui permet de rassembler et de suivre au plus près tes publications sur les réseaux sociaux. Qui a été touché, comment se répand ta publication, quel trafic génère-t-elle vers ton site ? Awe.sm répond à toutes ces questions et te permet de savoir ce qui fonctionne vraiment dans ta stratégie d'optimisation des réseaux sociaux.

BUFFER

bufferapp.com • @buffer

Planifier et orchestrer tweets, posts Facebook et Linkedin devient un jeu d'enfant avec Buffer. Doté d'un système d'analyse précis, Buffer te permet de suivre de près l'influence de tes publications.

AP SOCIAL IMAGE MAKER

autreplanete.com/ap-social-media-image-maker • @Autre_planete

L'outil idéal pour construire ses visuels de réseaux sociaux aux bonnes dimensions, régulièrement mis à jour : Facebook, Twitter, Google +, etc.

FAIRE DE LA VEILLE

REGARDER CE QUE FONT TES CONCURRENTS, TE POSITIONNER SUR DES THÉMATIQUES, CONNAITRE TES RETOMBÉES SUR LE WEB... AUTANT DE BESOINS À SATISFAIRE POUR UNE VEILLE SOLIDE, AVEC DE BONS OUTILS (ENCORE UNE FOIS). ATTENTION, LE CERVEAU, LUI, N'EST PAS EN VEILLE.

SCOOPIT

scoop.it · *@scoopit*

Scoopit te permet de surveiller ce que diffusent de nombreux acteurs sur le web et de réaliser toi-même ta propre curation en créant une page dédiée que d'autres utilisateurs peuvent suivre. En réalité, il s'agit d'une startup française spécialisée dans la curation mais qui fournit un outil de veille étonnamment pertinent.

MENTION

mention.net
@mention

Mention te permet de créer une communauté et d'alerter ses membres sur ton actualité ou sur celle de ton entreprise. Tu peux également mentionner tes publications sur les réseaux sociaux.

POCKET

getpocket.com
@pocket

On trouve souvent beaucoup de choses intéressantes sur le net, mais on n'a pas forcément le temps de tout lire. Pocket a la solution. Lorsque tu trouves quelque chose d'intéressant que tu veux lire plus tard, met-le simplement dans Pocket pour le retrouver facilement ultérieurement.

SURVEILLER LE MARCHÉ AMÉRICAIN

CRUNCHBASE
crunchbase.com
@crunchbase

NEWS Y COMBINATOR
news.ycombinator.com
@ycombinator

BETALI.ST
betali.st
@BetaList

FEEDLY
feedly.com
@feedly

Feedly te permet d'organiser, de lire et de partager le contenu de tes sites favoris. Un moyen simple de s'y retrouver lorsqu'on est accro au net.

BRINGR
bringr.net
@bringr

Bringr est un outil permettant de mesurer et d'analyser ton contenu sur les réseaux sociaux : sur quels réseaux as-tu le plus d'audience, quelle est la portée de tes messages ? Le service te propose également d'effectuer une veille à ta place, en fonction des mots-clefs spécifiés : Bringr scrute le web pour toi et t'économisera des heures de recherche.

MYFRENCHSTARTUP
myfrenchstartup.com
@myFrenchStartup

MyFrenchStartup est une base de données qui recense toutes les startups françaises. Retrouve ainsi sur le site les dernières levées de fonds réalisées par les startupers, les montants de ces levées, et recherche parmi la base de données les entreprises qui t'intéressent : tu peux même les classer par effectif ou par chiffre d'affaires.

« DON'T BE COCKY. DON'T BE FLASHY. THERE'S ALWAYS SOMEONE BETTER THAN YOU. »

TONY HSIEH

ASSURER TON DATA MANAGEMENT

POUR SUIVRE DE PRÈS TES DONNÉES, IL TE FAUT BIEN T'OUTILLER.

CRÉER ET ENVOYER TA NEWSLETTER

AVEC UN CARNET D'ADRESSES GRANDISSANT (C'EST TOUT CE QU'ON TE SOUHAITE), GÉRER TES BASES DE DONNÉES DEVIENT VITE ESSENTIEL. POUR FÉDÉRER UNE COMMUNAUTÉ ET PARTAGER AVEC ELLE DE MANIÈRE EXCLUSIVE, QUOI DE MIEUX QUE LA NEWSLETTER ?

MAILCHIMP

mailchimp.com
@MailChimp

Facile à prendre en main et à mettre en place, grâce à des designs prédéfinis, et des tutoriels en ligne sur leur site internet. Une fois le template édité (plus de 100 au choix), le contenu peut être alimenté de manière manuelle ou automatique, via un flux RSS. L'intérêt de cet outil réside dans le fait que l'envoi d'e-mails se fait gratuitement (dans une certaine mesure), tout en générant des statistiques sur les campagnes d'emails (taux d'ouverture, nombre de clics, géolocalisation, etc.).

MAILJET

mailjet.com · @mailjet

Lancée en 2011 par des frenchies, la plateforme cloud Mailjet te permet de gérer l'envoi et le suivi des e-mails transactionnels, des applications web et des plateformes e-commerce tout en offrant à ses utilisateurs de s'affranchir de la conception et de la maintenance de leur propre infrastructure technique. L'entreprise s'attaque également à la gestion optimisée de la délivrabilité, visant à éviter la mise en spam de plus en plus fréquente d'emails pourtant légitimes (1 e-mail sur 5 dans le monde n'atteint pas son destinataire !).

Compose
Inbox (1)
Starred

SIMPLEMAIL

www.simple-mail.fr
@Matt_Simplemail

SimpleMail est un outil principalement dédié aux petites entreprises et startups, car il te permet de créer, envoyer et suivre les statistiques des différentes campagnes de manière très simple depuis n'importe quel navigateur internet. Les prix sont très accessibles (gratuit jusqu'à 250 abonnés). Simple-mail.fr est une plateforme d'emailing en libre-service avec envois illimités (envois facturés au nombre d'abonnés et non au nombre de mails envoyés).

WYSIJA

wysija.com
@wysija

C'est LE plugin à utiliser pour administrer les newsletters sous Wordpress. Très facile à installer et à utiliser notamment grâce à un système de drag and drop pour construire les newletters, le service est gratuit jusqu'à 2000 abonnés puis coûte 75 euros pour une installation. Après chaque envoi Wysija te propose des statistiques telles que le nombre d'ouvertures, le nombre de clics, etc.

GETRESPONSE

getresponse.com
@getresponse

GetResponse te permet de réaliser une newsletter à partir de nombreux templates personnalisables, emboîtables facilement grâce à un système de drag and drop. C'est un outil alternatif qui facilite tous tes envois de mails.

SÉCURISER ET STOCKER TES DOCUMENTS DANS LE CLOUD

POUR STOCKER ET ACCÉDER À TES DONNÉES DE MANIÈRE SÉCURISÉE PARTOUT DANS LE MONDE, RIEN DE MIEUX QUE LE CLOUD. PETIT TOUR DANS LES NUAGES.

DROPBOX

dropbox.com
@Dropbox

Dropbox a révolutionné le stockage et le partage de données en ligne en 2008, en offrant 2 Go à tout nouvel utilisateur. Avec l'augmentation de l'utilisation des smartphones et du nombre de « devices », l'accès à tes documents à tout moment devient une priorité.

GOOGLE DRIVE

drive.google.com
@googledrive

Anciennement Google Doc, le service propose d'héberger tes documents, de les partager et de travailler de manière collaborative sur un seul et même document. De plus, en utilisant les applications pour smartphones et tablettes, tes documents sont accessibles et synchronisés quel que soit le lieu où tu te trouves.

EVERNOTE

evernote.com • @Evernote

Comme son nom l'indique, Evernote est un outil qui facilite la prise de notes nomade. Disponible sur tous les terminaux (tablettes, ordinateurs, smartphones), Evernote te permet de te débarrasser de tous les post-it qui traînent sur ton bureau et de tous les favoris non-triés sur la barre de navigation de ton browser préféré.

MEETLIMA

meetlima.com • @MeetLima

Lima te permet d'oublier ton habituelle clef usb et d'envoyer tes fichiers à tous tes contacts en trois clics. Ce petit outil hardware te permet en plus de mutualiser tous tes espaces de stockage et est utilisable sur tous les terminaux : smartphone, tablette et consorts. Pratique non ?

CRÉER DES TIMELINES

À L'HEURE OÙ METTRE JOLIMENT EN FORME SES DONNÉES DEVIENT UN ATOUT DANS LE MONDE DU WEB, SI TU AS ENVIE DE PRÉSENTER AGRÉABLEMENT LES CHIFFRES CLÉS DE TON PARCOURS ET DE CELUI DE TON ENTREPRISE : TU CHERCHES À RÉALISER UNE TIMELINE (FRISE CHRONOLOGIQUE).

DIPITY

dipity.com • @dipity

Dipity te permet de créer une timeline incluant des images, des vidéos et des liens. Rien de mieux pour présenter son entreprise. Il existe une version payante permettant de rendre la frise collaborative, de faire payer ton travail ou de connaître les statistiques de ta frise. Attention, l'outil est toutefois en flash.

MYHISTRO

myhistro.com • @myhistro

MyHistro crée ta timeline sous la forme d'une carte, lisible comme un diaporama. L'outil est gratuit, et exportable sur Google Earth. De quoi laisser les gens marcher sur tes traces.

NOTES DU LECTEUR

2

TU TE DOCUMENTERAS

DIFFICILE DE TE LANCER
DANS UNE AVENTURE ENTREPRENEURIALE
SANS PRENDRE LE TEMPS DE FAIRE
UNE VEILLE EFFICACE ET ORGANISÉE.
IL EXISTE BEAUCOUP DE SOURCES
D'INFORMATION SUR LE WEB MAIS VOICI
CELLES QUE NOUS TE RECOMMANDONS
POUR NE RIEN RATER DE L'ACTUALITÉ
STARTUP ET T'ÉVITER DE PERDRE DU TEMPS
À CHERCHER. UN ENTREPRENEUR AVERTI
EN VAUT DEUX, AU MOINS.

LES CERCLES DE LA PERDITION

TU OUVRES TES MAILS.

TTSO t'annonce le ***GÉNOCIDE DE BÉBÉS CHATS PÉRUVIENS***, c'est vraiment signe que le monde ne va pas bien.

Il faut absolument que tu en parles à Josette, à cette heure, elle doit être sur Facebook.

Tiens tu as un nouvel abonné twitter… C'est qui ce mec ? Il a fait quoi dans la vie ? Il n'était pas à cette soirée karaoké chez ton pote Maurice?

???

Si tu allais "googler" son nom… J U S T E P O U R V O I R …

TU VIENS DE TOMBER DANS LE TEMPLE DE LA GLANDE, DIEU SEUL SAIT QUAND TU EN SORTIRAS…

TU OUVRES INTERNET ET COMME 90% DE LA POPULATION BIRMANE, C'EST GOOGLE.

Tiens ! un doodle Pacman! Tu as bien 3 minutes pour une partie ...

Mais d'ailleurs c'était quelle époque Pacman déjà ?

Wikipédia est comme toujours ton ami… L'esprit plus léger tu peux retourner à ta recherche

Tu commences à taper «entrepreneur…» Alors que tu pensais ajouter "specialisé dans la fonte des glaces en Alaska", Google, ce gros malin, te suggère…

«entrepreneur à moustache».

Mais QUI a fait cette recherche? Et surtout, c'est quoi le résultat ??? Tu cliques et découvres l'univers parallèle des décideurs de demain à barbichette ! Il faut absolument en faire profiter tes amis et le poster sur Facebook…

Au moment de lancer ta recherche, tu te demandes ce qui ressort sur toi sur google. Et si tu ne tapes que ton nom tu arrives en combientième page ? Et si tu ajoutes ton prénom ? Tu ne peux pas t'en empêcher, pris dans ta frénésie mégalomane, il faut que tu consultes GOOGLE ANALYTICS.

GOOGLE ANALYTICS

75% de nouveaux visiteurs ? Comment sont ils arrivés jusqu'à toi… la réponse n'est qu'à un clic ! Visiblement par mots clés. Bon. Ton nom, ton prénom, les classiques. Puis des mots qui font plaisir: "futur milliardaire", "entrepreneur de luxe". Pour finir ***"CHIMPANZÉ"***… ??? Depuis quand tombe-t-on sur ton site avec un mot pareil ?! Tu dois vérifier par toi-même...

Ha quand même, 28% du trafic vient de l'international ! Voyons voir : France (merci les copains !), Angleterre, USA (top luxe), Allemagne, et...SERBIE ?? – mais qui peut bien se connecter depuis la Serbie ? – Ca pourrait être l'oncle Henry qui est parti en vacances la bas ? … Allons vérifier grâce aux photos FB si tonton est bien parti là bas…

Combien de personnes sont en ce moment même sur ton site en direct LIVE ! Tiens tiens il y en a un qui est depuis 10 min en train de lire ton article sur ta dernière rencontre avec Barack (*Obama*, bien entendu). D'ailleurs, comment il a pu tomber la dessus, ça fait un an que tu l'as mis en ligne ... Il faut que tu ailles voir les sites qui te référencent.

LIRE LA PRESSE

NOTES DU LECTEUR

PRESSE STARTUP

POUR TE TENIR CONSTAMMENT AU COURANT DE CE QU'IL SE PASSE DANS L'ÉCOSYSTÈME ENTREPRENEURIAL, NOUS TE CONSEILLONS DE CONSULTER QUOTIDIENNEMENT LES MÉDIAS SUIVANTS.

MADDYNESS

maddyness.com · *@bymaddyness*

Après avoir été un blog sur l'actualité des startups pendant un peu plus d'un an, Maddyness s'est lancé en véritable média fin 2012 pour devenir le magazine de référence des startups et de l'innovation en France. Maddyness est le seul support 100% dédié aux startups françaises. Et en plus, Maddyness est coauteur de cet ouvrage !

FRENCHWEB

frenchweb.fr · *@Frenchweb*

Fondé par Richard Menneveux, Frenchweb.fr est un magazine d'informations à destination des professionnels de l'internet. Frenchweb est un véritable pilier de l'information sur le domaine du numérique.

DYNAMIQUE ENTREPRENEURIALE

dynamique-mag.com
@Dynamiquemag

Dynamique Entrepreneuriale était à l'origine un projet étudiant d'Olivier Nishimata à Advancia en 2006. Après deux sorties annuelles et quelques succès, le magazine prend son essor et lève des fonds qui lui permettent aujourd'hui de continuer ses publications. Il est distribué gratuitement à quelques dizaines de milliers d'exemplaires et se décline aussi sur une version web accessible à tous.

WIDOOBIZ

widoobiz.com · *@Widoobiz*

Lancée en 2010, Widoobiz émane d'étudiants de Novancia qui en avaient propulsé une première version en 2005. Si Dynamique Entrepreneuriale est un magazine papier et web, Widoobiz parie sur la radio et propose aux entrepreneurs comme toi un live quasi non-stop d'actualités et de dossiers de fond sur ce qu'il se passe dans le monde entrepreneurial.

BLOGS COLLABORATIFS

LES BLOGS CONSTITUENT ÉGALEMENT UNE SOURCE D'INFORMATIONS QUE TU NE DOIS PAS NÉGLIGER. RÉVISIONS !

PRESSE-CITRON

presse-citron.net · *@pressecitron*

Presse-Citron a été l'un des tout premiers blogs francophones traitant de l'actualité et des tendances du net, des réseaux sociaux, de l'économie numérique et High-tech et de l'internet mobile. Fondé en 2005 par Eric Dupin, le blog personnel s'est maintenant transformé en une plateforme de plus grande ampleur avec de nouveaux rédacteurs. Avec un des tout premiers influenceurs de France dans les nouvelles technologies à sa tête, Presse-Citron s'impose chaque jour davantage comme une des nouvelles références en la matière et comme un média que tu dois suivre absolument.

LOCITA

locita.com · *@Locita*

Depuis son lancement en août 2010, l'audience de Locita a bien augmenté. Le support a lancé une nouvelle formule en octobre 2012 se déployant sur de nouveaux thèmes et s'approchant de plus en plus d'une plateforme d'informations généralistes. Locita a été fondé par Jeremy Benmoussa (Up2Social) et prend un pari risqué dans cette nouvelle orientation. La croissance de l'audience (dont tu fais peut-être déjà partie) tend à confirmer leurs choix..

DOC NEWS

docnews.fr

Ce site présente quotidiennement l'actualité de la communication, et touche à de nombreux domaines : luxe, mode, beauté, High-tech, télécoms, auto, transport, etc. Idéal pour que tu trouves l'inspiration, mais aussi pour te faire connaître et te tenir au courant de l'actualité de ton domaine de prédilection.

QUORA

quora.com · *@Quora*

Si tu as de nombreuses questions sans réponses, va faire un tour sur Quora. Ce site est une encyclopédie participative américaine qui regroupe des articles de nombreux auteurs et traitant de nombreux thèmes, dont l'entrepreneuriat. Tu y trouves des réponses à des questions du style « Comment être sûr de se lancer à temps ? ». En t'abonnant aux thèmes qui t'intéressent, tu peux accroître ton savoir en un temps record. Le tout en travaillant ton anglais.

© ALEJANDRO ESCAMILLA

PRESSE HISTORIQUE

ON NE LES PRÉSENTE PLUS, ILS FONT PARTIE DU PAYSAGE MÉDIATIQUE INCONTOURNABLE. UNE LECTURE RÉGULIÈRE TE DONNERA TOUT LE CRÉDIT SOUHAITÉ POUR BRILLER EN SOCIÉTÉ.

LES ECHOS ENTREPRENEURS

entrepreneur.lesechos.fr
@EchosBusiness

Appartenant au pôle médias du groupe LVMH, le titre Les Échos est une des rares références françaises dans le secteur économique. Le quotidien papier a perdu son seul concurrent direct, La Tribune, en 2012 et se déploie également sur une plateforme numérique dont Les Échos Entrepreneurs font partie. Véritable pilier du paysage économique français, Les Échos est définitivement un média que tu dois suivre.

LA TRIBUNE

latribune.fr · *@LaTribune*

Si la version papier a été arrêtée en 2012 (pour ne plus continuer qu'en une version hebdomadaire), le web continue sous l'impulsion de son nouvel acheteur. Déployé en région et avec un renforcement considérable de leur stratégie web, le média semble être sur une pente ascendante et rencontrer un succès qui se confirme chaque jour un peu plus.

L'ENTREPRISE

lentreprise.com · *@LEntreprise*

Autre référence du paysage entrepreneurial français, L'Entreprise appartient au groupe L'Express Roularta et se spécialise dans l'entrepreneuriat. Le support traite des entreprises au sens large de la PME au grands groupes : créer, gérer, développer, idées business, management.

SITES US

TECHCRUNCH.COM
www.techcrunch.com • @techCrunch

PANDODAILY
www.pandodaily.com • @PandoDaily

TECHMEME
www.techmeme.com • @Techmeme

READ WRITE WEB
www.Readwriteweb.com

MASHABLE
www.mashable.com

THE VERGE
www.theverge.com • @verge

THE NEXTWEB
www.thenextweb.com
@TheNextWeb

WIRED
www.wired.com • @wired

FASTCOMPANY
www.fastcompany.com
@FastCompany

BUSINESS INSIDER
www.businessinsider.com
@businessinsider

ENTREPRENEUR.COM
www.entrepreneur.com
@EntMagazine

INC.COM
www.inc.com • @inc

YOUNGENTREPRENEUR
www.youngentrepreneur.com
@YoungTrep

TED TALKS
www.ted.com • @tedtalks

THE STARTUP PITCH
thestartuppitch.com
@startuppitchno1

BLOGS PERSONNELS

LE MONDE DE L'ENTREPRENEURIAT EST FAIT PAR DES HOMMES D'EXCEPTION (OUI, TOI AUSSI, OUI OUI), ET CERTAINS ONT LA GENTILLESSE DE PARTAGER LEURS EXPÉRIENCES ET LEURS CONNAISSANCES DE L'ÉCOSYSTÈME. DES INDIVIDUS QUE TU DOIS SUIVRE DONC !

GUILHEM BERTHOLET

guilhembertholet.com · *@guilhem*

Entrepreneur, anciennement à la tête de l'incubateur HEC, organisateur du Start In Lyon – impossible de citer toutes ses casquettes – Guilhem Bertholet entretient un blog personnel couvrant l'actualité entrepreneuriale française. Son blog produit quelques analyses, souvent pertinentes, pour les jeunes créateurs d'entreprises.

OLIVIER EZRATTY

oezratty.net/wordpress · *@olivez*

Après avoir longuement travaillé à Microsoft et sur de nombreux autres projets (investisseur, photographe, professeur, etc.), Olivier Ezratty s'est notamment consacré à la rédaction du guide des startups, un ouvrage culte pour les créateurs d'entreprise. Il est également derrière le blog « Opinions Libres », un blog fouillé qui te propose de nombreux rapports et autres articles d'analyse sur les dernières tendances.

ALEX DELIVET

alexdelivet.com · *@alexd*

Sur son blog, Alex Delivet, passionné de nouvelles technologies et d'entrepreneuriat, fondateur de tripxp, éditeur de la version parisienne de Startup Digest et fondateur des Apéros Entrepreneurs, nous parle de ses expériences personnelles et partage ses trucs et astuces.

MICHEL DE GUILHERMIER

micheldeguilhermier.typepad.com
@mitchdeg

Président de l'Accélérateur, Michel de Guilhermier traite de l'actualité startup sur son blog et partage ses avis sur de nombreux points : stratégies de PME ou de grands groupes, événements de l'écosystème, etc.

POURQUOI ENTREPRENDRE

pourquoi-entreprendre.com/blog

C'est vrai, pourquoi ? Pourquoi Entreprendre t'aide sur son blog à optimiser ton parcours d'entrepreneur, en prodiguant ressources et conseils utiles. Tu trouves sur ce blog des réponses à des questions précises et auxquelles tu t'es sûrement déjà confronté : comment pénétrer un marché naissant, réaménager son site web, etc.

NOTES DU LECTEUR

BUSINESS ANGEL FRANCE

business-angel-france.com
@businessangelfr

Business Angel France recense de nombreuses aides et astuces pour aider les entrepreneurs dans leur quotidien. Voilà un autre moyen de t'armer pour continuer ton aventure de créateur d'entreprise.

BLOGS SUR LES STARTUPS

BEAUCOUP DE BLOGS SE CONSACRENT ENTIÈREMENT AU FORMIDABLE MONDE DES STARTUPS. POURQUOI TE PRIVER ?

WHO'S WEB

whosweb.fr · @Whosweb

Comme son nom l'indique, Who's web, c'est le Who's Who du Web. Retrouve sur ce blog une sélection d'articles sur l'actualité et sur les startups du web, ainsi que des interviews et des portraits détaillés de ces entrepreneurs qui changent notre quotidien numérique. Pour te faire une idée de la diversité du web et de ses acteurs, tu sais désormais où te rendre.

TECHBAGUETTE

techbaguette.com
@RoxanneVarza

TechBaguette présente « The adventures of a Silicon Valley native discovering the tech startup scene in Paris, France », autrement dit les aventures d'une startuper de la Silicon Valley dans l'écosystème startup tech parisien. Non content de décrypter de son oeil américain la scène tech parisienne et ses tendances, la rédactrice de ce blog (qui est aussi la présidente de girlsintech) nous donne aussi son avis et partage ses surprises, agréables ou non. Ne loupe pas la section « Opportunities for Startups », très riche, qui t'évite de rater des coches importants.

RUDEBAGUETTE

rudebaguette.com
@RudeBaguette

RudeBaguette se consacre à l'actualité tech et à celle des startups en France, dans la langue de Shakespeare. Ses articles traitent autant des entreprises qui marquent le paysage entrepreneurial français que de ses évolutions.

UNICORNFREE

unicornfree.com
@Unicornfree

Pour tous ceux qui cherchent à produire et vendre leurs propres produits, Unicornfree référence toutes les bonnes choses à savoir et les bonnes questions qu'il faut te poser avant de te lancer dans son projet la tête (corne) baissée. Plein de petits conseils qui te font cogiter intelligemment sur ton projet et te permettent de partir dans la bonne direction.

BLOGS US

BLOG DE CHRIS MCCANN, FONDATEUR DE STARTUP DIGEST ET COFONDATEUR DE GROUPTIE
mccannatron.com • @maccannatron

BLOG DE NOAH KAGAN, UN SERIAL ENTREPRENEUR QUI PARTAGE SES IDÉES ET ASTUCES POUR GAGNER DE L'ARGENT
okdork.com • @noahkagan

BLOG DE JEFF MILLER, INGÉNIEUR/ENTREPRENEUR/ INVESTISSEUR DE LA SILICON VALLEY
talkfast.org • @JeffMiller

BLOG D'ANDREW DUMONT, FONDATEUR DE STRIDEAPP.COM
andrewdumont.me
@AndrewDumont

BLOG DE CHRIS DIXON, INVESTISSEUR ET SERIAL ENTREPRENEUR
cdixon.org • @cdixon

BLOG DE PAUL GRAHAM, INVESTISSEUR
www.paulgraham.com • @paulg

BLOG DE GABRIEL WEINBERG, ENTREPRENEUR ET INVESTISSEUR
www.gabrielweinberg.com/blog
@yegg

BLOG D'EVAN WILLIAMS, FONDATEUR DE PYRA LABS (BLOGGER)
evhead.com • @ev

BLOG D'ELAD GIL, ENTREPRENEUR DANS LA SILICON VALLEY
blog.eladgil.com • @eladgil

BLOG DE DAVID G. COHEN, FONDATEUR DE TECHSTARS
www.davidgcohen.com

I LOVE STARTUPS

i-love-startups.com
@I_love_Startups

I love startups est un blog tenu par Eric Ghiglione, un passionné du web et de l'entrepreneuriat. Sur I love startups tu trouves plein d'articles utiles pour t'aider à trouver une idée d'entreprise, suivre les tendances startups ou te donner des conseils pour optimiser la vente sur internet. Un blog plein de ressources !

J'AIME LES STARTUPS

jaimelesstartups.fr
@jmlesstartups

J'aime les startups fait la présentation d'une startup française innovante par jour, et « c'est déjà pas mal ». Retrouve des exemples de startups bien de chez nous, qui sauront t'inspirer.

STARTUP STORY

startup-story.fr
@StartupStory_FR

Startup Story se consacre entièrement à l'actualité autour de l'entrepreneuriat des jeunes et promeut la création d'entreprise parmi cette population. Ce blog souhaite lutter contre l'idée reçue n°1 qu'il faut forcément avoir un peu d'âge pour entreprendre. Une belle cause pour un blog tenu avec sérieux et régularité.

JE SUIS PATRON

jesuispatron.com · *@JeSuisPatron*

Ça y est, tu es ton propre patron ! Au-delà du bonheur de fixer son propre emploi du temps, être patron, ce n'est pas facile. Autant profiter de l'expérience et de l'aide de jeunes entrepreneurs devenus patrons avant toi. Jesuispatron.com donne la parole à de jeunes entrepreneurs et leur permet de donner leurs trucs et astuces pour réussir au mieux ton expérience entrepreneuriale.

LE BUSINESS PLAN (DE LA PETITE ETOILE)

lebusinessplan.fr
@la_petiteetoile

Plusieurs fois par semaine, La Petite Étoile qui a coécrit cet ouvrage, startup spécialisée dans la rédaction de business plans et dans l'accompagnement d'entrepreneurs dans l'amorçage de leur activité, publie des articles sur des startups innovantes ou sur l'actualité de l'écosystème.

LES SITES POUR PERDRE DU TEMPS

PRODUCTIVITÉ, PRODUCTIVITÉ, PRODUCTIVITÉ ! VRAIMENT ?

LES CLASSIQUES

ON LE SAIT, TU NE NOUS AS PAS ATTENDU POUR PERDRE TON TEMPS SUR INTERNET. RÉVISION DE TES CLASSIQUES !

TOPITO

topito.com · @topito_com

Trouver le top 7 des meilleures applis, le top 15 des meilleurs Tumblr ou encore le top 10 des plus beaux buts ? Rendez-vous sur Topito où tu peux trouver des tops plus fous les uns que les autres !

9GAG

9gag.com · @9GAG

Un site collaboratif où chacun peut télécharger ses photos et gifs, souvent drôles et loufoques, à l'instar des « memes » (lire mèmes) qui envahissent Internet depuis des mois. Drôle mais addictif, ne pas trop en abuser, « If you know what I mean » !

MINUTE BUZZ

minutebuzz.com
@minutebuzz

Le site qui présente l'actualité du net, les campagnes publicitaires qui buzzent et un tas d'autres informations, idéal pour perdre ton temps.

LE GORAFI

legorafi.fr · @le_gorafi

Ce site traite l'actualité de manière décalée, à ne pas prendre au sérieux !

LES SECTIONS TUMBLR

LES TUMBLR FONT DÉSORMAIS ENTIÈREMENT PARTIE DU PAYSAGE WEB GEEK. LA CRÉATIVITÉ DE CERTAINS FORGE LE RESPECT. QUE CELUI À QUI CE N'EST JAMAIS ARRIVÉ NOUS JETTE LA PREMIÈRE PIERRE !

FAILSDECM

failsdecm.tumblr.com

Ce Tumblr recense les « Fails » de community manager.

VISMAVIEDECONSULTANT

vismaviedeconsultant.tumblr.com

Ce Tumblr rassemble les situations que peuvent vivre les consultants.

IAMCEOBITCH.FR

iamceobitch.fr

Ce Tumblr recense des situations quotidiennes que peut vivre un CEO.

DES PETITS SITES QU'ON A TROUVÉS PAR HASARD DANS NOS PÉRÉGRINATIONS SUR LA TOILE. ON AIME ET ON PARTAGE AVEC TOI.

SHORTEDITION

short-edition.com
@short_edition

Tu n'as pas beaucoup de temps pour lire des romans ? Avec ShortEdition tu accèdes à des short-stories et des BD courtes sélectionnées par des lecteurs qui osent aimer les histoires courtes. Tout ce qui se lit d'un trait, en moins de 20 minutes. Idéal pour occuper les petits temps morts de ta journée, dans le métro, pendant ta pause café, ou juste avant ta sieste.

LA BANDE PAS DESSINÉE

labandepasdessinee.com

Un petit site qui propose chaque jour une courte histoire sous la forme d'une bande dessinée qui n'en est pas vraiment une. Le côté décalé totalement assumé de l'auteur et les dialogues cocasses font sourire.

WEB AGENCY FAIL

webagencyfail.com

Compilations des meilleures anecdotes rencontrées par des web agency. À ne pas faire pour ton propre business.

CULTCUT

cultcut.com
@Cultcut_fr

Ami cinéphile, tu ne manques jamais de faire référence à ton film préféré en citant ses passages les plus cultes ? Alors pourquoi ne pas faire de même sur Internet ? Cultcut, ce sont toutes les scènes de films les plus cultes qui sont référencées et accessibles. Tu peux ainsi partager tes moments de ciné les plus intenses et ponctuer tes publications de la manière la plus originale qui soit. Pour travailler son sens de la répartie, il n'y a rien de mieux.

VDM – VIE DE MERDE

viedemerde.fr
@viedemerde

La vie est pleine de surprises, parfois bonnes, parfois mauvaises. Lorsqu'un malheur s'abat sur toi, pourquoi ne pas partager ton vécu avec tout le net, histoire d'en rigoler un peu. Une vie de merde, ça se fait savoir.

DIVERTISSONSNOUS

divertissonsnous.com
@Divertissons

Chaque jour, des vidéos insolites à retrouver sur Divertissonsnous.com pour... te divertir.

NOTES DU LECTEUR

LES TRUCS DE GEEK

SI TU ES PLUS CULTURE GEEK, VOICI QUELQUES SITES POUR TE DÉTENDRE SANS AVOIR À COUPER LE CORDON (D'ORDINATEUR).

LESJOIESDUCODE
lesjoiesducode.tumblr.com

Découvre les joies quotidiennes d'un développeur web.

DEVENIR UN NINJA GRATUITEMENT
devenirunninjagratuitement.tumblr.com

Le site pour découvrir les recherches internet qui ont vraiment été tapées un jour. Qui veut savoir le « féminin de Régis » ?

GEEKANDPOKE
geek-and-poke.com

Des petits cartoons illustrant la vie trépidante d'un développeur.

DANSTONCHAT
danstonchat.com

Danstonchat référence les meilleures « quotes » (citations) des messageries instantanées. Des situations plutôt loufoques dans un monde de geeks.

WHATSHOULDWECALLME
whatshouldwecallme.tumblr.com
@WSWCM

Un Tumblr sympathique qui reprend avec humour des situations du quotidien.

AJUSTETITRE
ajustetitre.tumblr.com • @ajustetitre

Un Tumblr original qui référence tous les titres de journaux les plus loufoques et décalés possibles. Tirés d'une histoire vraie !

COOLHUNTING
coolhunting.com • @coolhunting

Un site qui te référence toute l'actualité du design, de l'art et de la technologie.

SOMEECARDS
someecards.com
@someecards

Des ecards décalés et plutôt drôles à partager et envoyer. Il est même possible de te les faire imprimer, sur un mug par exemple.

IMADGINE.FR
imadgine.fr

Retrouve des publicités plus décalées les unes que les autres.

LES NEWSLETTERS SYMPATHIQUES

VOILÀ DE QUOI REMPLIR TA BOÎTE MAIL AVEC DES NEWSLETTERS FORT INTÉRESSANTES ET AGRÉABLES À LIRE. LIRE TES E-MAILS PEUT AUSSI ÊTRE UNE PARTIE DE PLAISIR.

TTSO – TIME TO SIGN OFF

timetosignoff.fr
@timetosignoff

Lancé par Romain Dessal, un ancien publicitaire, Time To Sign Off est la newsletter intelligente par excellence. Avec un ton décalé qui marque bien l'identité de la marque et de la lettre et une charte graphique particulière, TTSO veut apporter tous les soirs à 19h un condensé de l'actualité du jour. Pas forcément centré sur l'économie, la newsletter te donne tout ce qu'il faut savoir sur la journée et toutes les infos pour faire le malin aux dîners.

LA LETTRE DE PETIT WEB

petitweb.fr
@petit_web

Une newsletter (La Lettre de Petit Web) associée à un site d'information sur le marketing interactif qui ne parait volontairement qu'une fois par semaine. Un mot d'ordre : de l'info pratique, inédite, ouverte sur l'international et impertinente. À lire sans aucun doute toutes les semaines.

MERCI ALFRED

mercialfred.com
@mercialfred

Pour les Parisiens qui veulent recevoir deux fois par semaine les meilleurs plans de Paris et être au courant des dernières tendances. Qu'est-ce qu'on dit ? Merci Alfred !

MYLITTLEPARIS

mylittleparis.com
@My_Little_Paris

Pour les filles qui souhaitent recevoir une fois par jour les meilleurs plans de Paris, les meilleurs restaurants, les endroits où sortir ! Il existe aussi une version pour les entrepreneuses lyonnaises et marseillaises qui n'ont pas le temps de trouver des bons plans !

CONSULTER LES SITES INSTITUTIONNELS

SOUVENT LES PLUS RICHES EN RESSOURCES, LES SITES INTERNET DES INSTITUTIONS CONSACRÉES À LA CRÉATION D'ENTREPRISE TE PERMETTENT DE MIEUX TE DOCUMENTER SUR LES DIFFÉRENTS ASPECTS DU MILIEU.

APCE

apce.com • *@APCE*

L'Agence Pour la Création d'Entreprise – qui a nommé à sa tête Frédérique Clavel, la présidente et créatrice de Fédération Pionnières – est une mine d'informations inépuisable pour tous les entrepreneurs. Créée en 1996 pour favoriser la création d'entreprise en France, l'APCE est un passage incontournable et un acteur indispensable de la scène entrepreneuriale française.

CFE

cfe.urssaf.fr

Le Centre de Formalités des Entreprises est d'une aide inestimable pour tous les entrepreneurs. Créé à l'origine pour accompagner les entrepreneurs dans leurs démarches administratives de création d'entreprise, le CFE te propose également une bibliothèque de documents et de conseils pour la vie de l'entreprise.

BPI

bpifrance.fr

BPI France, travaille pour les entrepreneurs et a pour mission principale l'aide et le soutien à l'innovation, la garantie des financements bancaires et d'investisseurs en fonds propres, ainsi que le financement en partenariat de jeunes pousses. BPI accompagne les entrepreneurs dans leur création d'entreprise, grâce à un réseau d'experts disséminé en France.

DATA.GOUV

data.gouv.fr

Data.Gouv est la plateforme française d'ouverture des données publiques. Elle met à disposition gratuitement les données fournies par le cabinet du Premier Ministre, les différents ministères et autres institutions publiques. Des données très macros qui peuvent bien souvent t'aider à chiffrer un marché ou une tendance de consommation.

IMPOTS.GOUV.FR & REDRESSEMENT-PRODUCTIF.GOUV.FR

impots.gouv.fr
redressement-productif.fr

Deux sites utiles à tout patron pour te tenir au courant de l'actualité industrielle et fiscale, et surtout pour ne pas oublier tes échéances.

«

LA VÉRITABLE LIBERTÉ OBÉIT AUX LOIS.

»

JACQUES PERK

ENRICHIR TA BIBLIOTHÈQUE

DE NOMBREUSES PERSONNES ÉCRIVENT ET THÉORISENT SUR LA CRÉATION D'ENTREPRISE. N'HÉSITE PAS À TE PLONGER DANS CES QUELQUES OUVRAGES, ILS SONT TOUS TRÈS UTILES POUR ALIMENTER TA RÉFLEXION.

SE LANCER SANS ATTENDRE
THIBAUD CLÉMENT

Tu as toujours voulu créer ta boîte et tu trouves que ce n'est pas le bon moment, parce que tu es trop jeune, que tu n'as pas d'expérience, que tu ne sais pas où trouver de l'argent ni comment te faire connaître ? Thibaut Clément, 25 ans est là pour que te faire prendre conscience que tu as tous les outils en mains et qu'il n'y a pas de « mais »... Aucune raison d'hésiter, c'est bien maintenant qu'il faut te lancer !

L'ENTREPRISE DU BONHEUR
TONY HSIEH

A travers cet ouvrage, Tony Hsieh démontre l'importance de la culture d'entreprise qui l'a mené au succès de sa propre entreprise, Zappos, leader mondial de la vente de chaussures en ligne racheté par Amazon en 2009. Il explique via sa conception du bonheur que celui de ses employés est un générateur de réussite, et te donne divers conseils pour que tu parviennes à mettre en place une « entreprise du bonheur ».

EFFECTUAL ENTREPRENEURSHIP
STUART READ

Aussi théorique que pratique, cet ouvrage te présente une nouvelle vision de l'entrepreneuriat : celle de l'effectuation. En d'autres termes, comment les entrepreneurs agissent vraiment au jour le jour et quels sont les grands principes de l'action entrepreneuriale ?

ENTREPRENEURS DU WEB
JONATHAN LASCAR ET JULIEN KONCZATY

208 pages d'interviews des géants du web français pour une démystification des idées reçues sur « la bonne idée » et sur l'entrepreneuriat en France. L'idée est donc de s'intéresser à la genèse de ses entreprises pour comprendre comment naissent les idées et les concepts. Bien souvent on s'aperçoit que les idées simples sont souvent les meilleures. Tu trouves également des conseils sur les différentes méthodes de recherches de financements, de la levée de fonds aux Business Angels.

L'ART DE L'ENCHANTEMENT
GUY KAWASAKI

Parmi les premiers responsables marketing chez Apple, Guy Kawasaki présente dans ce livre les meilleures façons d'enchanter ton entourage professionnel et personnel, c'est-à-dire le rallier durablement à ta cause. De la manière de te comporter sur les réseaux sociaux ou en public, aux façons de séduire tes clients ou ton banquier, ce livre te donne de nombreux conseils pour fédérer ta communauté de fans et donner de la magie à tes actions. Le petit plus ? Des témoignages de nombreux entrepreneurs à la fin de chaque chapitre.

THE LEAN STARTUP
ERIC RIES

L'ouvrage d'Eric Ries décrit une nouvelle approche dans la création d'un business ou d'un nouveau produit, basée sur la « validation des enseignements ». Ce livre décrit la méthode du « lean » management, qu'a appliqué Eric Ries notamment à travers son entreprise IMVU et les problématiques qu'il a rencontrées lors de sa création.

TOUTES LES ENTREPRISES ONT ÉTÉ PETITES UN JOUR

PIERRE KOSCIUSKO-MORIZET

Une réalité que l'on oublie souvent. Dans ce livre, le fondateur de Price Minister revient avec humour sur les différentes étapes qui ont conduit à faire du site la référence du e-commerce en France : ses débuts mouvementés comme entrepreneur, ses premiers succès et échecs, la rencontre des co-fondateurs, la quête d'investisseurs, en somme toutes les péripéties auxquelles sont confrontés les entrepreneurs.

LA FORCE DE LA DIFFÉRENCE

NORBERT ALTER

Des patrons et des dirigeants sortants de l'ordinaire par leur handicap, par leur différence et par le fait que personne n'imaginait qu'ils puissent un jour diriger des grandes entreprises. Norbert Alter présente dans son ouvrage, des personnes qui ont su inverser leur destin grâce à une intelligence sociale exceptionnelle. À toi de t'en inspirer !

MANUEL DU CRÉATEUR DE STARTUP

STEVE BLANK, BOB DORF

Ce manuel constitue pour toi une véritable boîte à outils et te fournit de nombreux conseils pour monter ton entreprise. Il te donne une marche à suivre pour te faire grandir, et tu y découvres la méthodologie du « développement par la clientèle », élaborée par Steve Blank, à l'origine du mouvement Lean Startup.

BUSINESS MODEL GENERATION

ALEXANDRE OSTERWALDER

Ce livre s'intéresse à l'évolution du business model. Cet ouvrage a bénéficié d'un financement original, puisque ceux qui le souhaitaient ont pu participer à sa rédaction et annoter des commentaires sur chaque chapitre, grâce à un accès payant. Dans sa thèse de doctorat, l'auteur propose un raisonnement graphique et visuel de présentation où le business model est composé de 9 blocs pouvant se présenter graphiquement et simplement.

MA PETITE ENTREPRISE A CONNU LA CRISE

NICOLAS DOUCERAIN, PRÉFACE DE CHARLES BEIGBEDER

Solic, une PME spécialisée dans le recrutement et le conseil en ressources humaines, subit la crise de 2008 de plein fouet et voit son activité s'effondrer. Dans ce livre, Nicolas Doucerain, le président de Solic, relate à la manière d'un carnet intime les moments de doute et le sentiment d'impuissance qui l'ont traversé dans cette expérience difficile.

THE PERSONAL MBA

JOSH KAUFMAN

Tu es tenté de faire un MBA ? Sauve ton temps et ton argent en lisant ce livre. Véritable manifeste conçu pour t'aider à t'éduquer seul à propos de concepts de business avancés.

THE STARTUP PLAYBOOK
DAVID S. KIDDER

Dans The Startup Playbook, David Kidder donne la parole à des entrepreneurs venus partager à propos de leurs expériences, des succès et des échecs qu'ils ont pu rencontrer, et des enseignements qu'ils en ont tirés. Un livre inspirant qui te permet d'apprendre beaucoup de l'expérience d'entrepreneurs et de preneurs de risques avertis.
www.thestartupplaybook.com

REWORK
JASON FRIED ET DAVID HEINEMEYER

Ce best-seller en Angleterre et aux Etats-Unis se veut être un anti-guide pour démarrer son business. Décalé et différent des références qui existent déjà sur le sujet, Rework te permet de prendre du recul sur des présupposés de l'entrepreneuriat. Rework fournit une nouvelle approche sur le management, la collaboration, et la gestion d'une startup. Il t'apprend à repenser ta manière de travailler.

LA SEMAINE DE 4H
TIMOTHY FERRIS

Timothy Ferris explique comment casser le schéma fatal de notre vie professionnelle (travailler tous les jours pendant 40 ans et prendre sa retraite à 60). Il te démontre, avec ses propres expériences, comment simplement réduire ton temps de travail, réaliser tes rêves, ou encore casser la routine. Finalement, il t'explique comment travailler moins, gagner plus et vivre mieux.

PENSEZ ET DEVENEZ RICHE
NAPOLEON HILL

Il s'agit du best-seller de Napoleon Hill, rédigé en 1937. Hill a consacré plus de 25 ans de sa vie à interviewer plus de 500 millionnaires tels qu'Henri Ford, John D. Rockefeller ou encore Theodore Roosevelt afin de trouver une clé à la réussite et au succès. Issu d'une famille pauvre, il voulait élucider le mystère de l'accès à la richesse. Plusieurs millionnaires attribuent leur succès à ce best-seller, plus contemporain que jamais.

COMMENT J'AI FOIRÉ MA STARTUP
NICOLAS RIOU

Derrière l'image galvanisante d'un monde du web où tout est possible, une réalité qui peut être toute autre. Retour sur un parcours entrepreneurial et une expérience humaine qui ont forgé un homme.

NOTHING TO LOSE, EVERYTHING TO GAIN «HOW I WENT FROM GANG MEMBER TO MULTIMILLIONAIRE ENTREPRENEUR»
RYAN BLAIR

Ryan Blair, entrepreneur dans le High-tech, partage dans ce livre son état d'esprit, «nothing to lose», qui l'aida à traverser d'importantes crises professionnelles et à toujours aller de l'avant. Il livre de précieux conseils pour tout entrepreneur prêt à relever les défis qui seront les siens. De quoi te motiver pour continuer à porter ton projet.

LES 30 PERSONNES À SUIVRE SUR TWITTER

POUR NE PLUS RIEN RATER DU MONDE DE L'ENTREPRENEURIAT, IL TE FAUT EN SUIVRE LES PRINCIPAUX ACTEURS. PETIT PASSAGE EN REVUE DES PERSONNES QUI ANIMENT TWITTER AU QUOTIDIEN.

FRANCE

MARC SIMONCINI *@marcsimoncini*
Fondateur de Meetic, Sensee, Jaïna Capital

LOIC LE MEUR *@loic*
Fondateur de LeWeb

ROXANNE VARZA *@roxannevarza*
Microsoft, Girls In Tech

ALEX DELIVET *@alexd*
Startup Digest, Tripxp, ApéroEntrepreneurs

XAVIER NIEL *@Xavier75*
Président d'Iliad, Free

ERIC DUPIN *@pressecitron*
Rédacteur en Chef de Presse Citron

STÉPHANE SOUMIER *@ssoumier*
Chroniqueur sur BFM Radio

STÉPHANE DISTINGUIN *@fano*
Fondateur et Président de faberNovel, Président Cap Digital,
Président d'honneur de Silicon Sentier, La Cantine.

AXELLE LEMAIRE *@axellelemaire*
Secrétaire d'Etat au Numérique

RICHARD MENNEVEUX *@rMen*
Fondateur de FrenchWeb.fr
@Frenchweb

MICHEL DE GUILHERMIER *@mitchdeg*
Co-fondateur et président de l'Accélérateur

GUILHEM BERTHOLET *@guilhem*
Créateur de AperoEntrepreneurs @aperoentrepreneurs
RENAUD VISAGE *@renaudvisage*
Co-fondateur et CTO d'EventBrite
BENOIT THIEULIN *@thieulin*
Directeur de La Netscouade et Président du Conseil National du Numérique
CARLOS DIAZ *@CarlosDiaz*
Groupe Reflect, BlueKiwi, président de Kwarter
HENRI VERDIER *@HenriVerdier*
co-fondateur de MFG-Labs et Cap Digital
JEAN-DAVID CHAMBOREDON *@isai-fr*
capital risker pour les startups
WILLY BRAUN *@WillyBraun*
France Digitale, Brocooli
PIERRE KOSCIUSKO-MORIZET *@pierrekm*
cofondateur Price Minister
OLIVIER MATHIOT *@oliviermathiot*
cofondateur Price Minister, Rakuten
CEDRIC GIORGI *@cgiorgi*
Cofondateur Cookening, LeWeb

USA

BILL GATES *@BillGates*
Fondateur de Microsoft
JACK DORSEY *@jack*
Co-fondateur de Twitter et PDG de Square
RICHARD BRANSON *@richardbranson*
PDG du groupe Virgin
MARISSA MAYER *@marissamayer*
PDG de Yahoo
CHRIS ANDERSON *@TEDchris*
Président du TED
TIM FERRISS *@tferriss*
Auteur, entrepreneur et business angel
MARK CUBAN *@mcuban*
Auteur, investisseur, propriétaire des Mavericks de Dallas

3

TU NETWORKERAS

LE NETWORKING*, C'EST LA BASE.
ON NE LE RÉPÈTE JAMAIS ASSEZ,
IL EST FONDAMENTAL DE PARLER DE
TON PROJET ET DE RENCONTRER D'AUTRES
ENTREPRENEURS, CLIENTS, FOURNISSEURS
OU POTENTIELS INVESTISSEURS.
HEUREUSEMENT, IL Y A BEAUCOUP DE TRÈS
BONNES OCCASIONS D'ALLER BOIRE
DES BIÈRES, CAFÉS OU AUTRES
JUS DE FRUITS, ET D'ÉCHANGER AVEC TOUT
L'ÉCOSYSTÈME. VOICI LA LISTE
DES PLUS IMPORTANTS.

***Networker** {*anglicisme*} : Fait de se constituer un réseau de relations et de savoir en tirer parti, notamment dans un but professionnel. Parfois traduit par le néologisme français de « réseautage ».

DO / DON'T

LE POINT "COOL ATTITUDE"

PARTICIPER À DES ÉVÉNEMENTS

REMPLIR TON AGENDA

TU NE DOIS JAMAIS L'OUBLIER : IL TE FAUT TE TENIR AU COURANT DE TOUT CE QUI SE PASSE DANS L'ÉCOSYSTÈME ENTREPRENEURIAL (ET AU-DELÀ). POUR CELA, LES NEWSLETTERS ET LES BLOGS SONT TES AMIS. LA PREUVE :

MADDYNESS

maddyness.com/agenda
@bymaddyness

Maddyness met à jour régulièrement l'agenda des évènements startups et innovation partout en France. Un article publié tous les lundis, récapitule les événements à suivre pendant la semaine.

STARTUP DIGEST

startupdigest.com/paris
@startupdigest

Startup Digest est une newsletter gratuite regroupant une sélection d'événements tech/startups. Tous les lundis matin, tu peux recevoir par mail tous les événements de la semaine, pratique non? Startup Digest existe dans plus de 200 villes dans le monde et l'édition parisienne est assurée par Alex Delivet (@alexd).

MOONBAR

moonbar.org/entrepreneur_startup_event/paris · *@Moonbar_*

Moonbar te permet de te tenir au courant de tous les évènements et concours de startups dans 3 villes en Europe : Paris, Londres et Berlin. Il te permet de gagner pas mal de temps dans l'organisation de tes agendas et dans la sélection des événements auxquels tu décides d'assister. Attention à l'exhaustivité !

ÉVÈNEMENTS INCONTOURNABLES

L'AGENDA EST REMPLI, ENCORE FAUT-IL NE PAS RESTER SIMPLE SPECTATEUR DE CES ÉVÉNEMENTS. VOICI LES PRINCIPAUX ÉVÉNEMENTS FRANÇAIS QUI RYTHMENT LE PAYSAGE STARTUP. DE QUOI TE FAIRE DU RÉSEAU À TOUT VA. EXCITANT, NON?

PARIS

LEWEB

leweb.co · *@leweb*

LeWeb est une conférence en anglais qui a lieu deux fois par an à Londres et à Paris. C'est l'une des conférences les plus importantes en Europe. À la tête de cette organisation, Géraldine et Loïc Lemeur proposent donc tous les 6 mois un thème orienté sur la thématique internet (Internet Of Things, Digital Hippies, etc.). Sur scène, des entrepreneurs de renommée mondiale de la scène Tech/Startup sont invités à t'apporter leur éclairage sur la thématique. Un concours de startups est également organisé à chaque édition. Pourquoi ne pas y participer ?

OSONS LA FRANCE

osonslafrance.com · *@ForumOLF*

Osons la France est un salon fondé par Aude de Thuin (créatrice du Women's Forum) durant 24 heures non-stop et qui ambitionne de « fédérer les esprits libres et optimistes, les créatifs et les créateurs, les audacieux, qui réinventent le modèle français ». Organisé partout en France, ce salon est devenu un des évènements phares du « Made In France » et se déploie autour d'un maitre mot « Oser ».

SALON DES ENTREPRENEURS

salondesentrepreneurs.com
@SDEntrepreneurs

Généralement organisé au début de l'année dans la capitale française, le Salon des Entrepreneurs de Paris se déroule chaque année au Palais des Congrès. Que tu sois créateur d'entreprise, repreneur, candidat à la franchise, auto entrepreneur, dirigeant de TPE/PME ou d'une jeune entreprise innovante, le Salon des Entrepreneurs met à ta disposition un concentré d'informations, de solutions et d'expertises pour assurer la réussite de ton projet.

NANTES

WEB2DAY

web2day-nantes.org
@web2dayNantes

Le Web2day est le plus grand festival numérique de l'Ouest, avec deux jours de conférences, de débats et d'animations ludiques et technophiles autour des nouveaux usages du web et des innovations numériques qui font l'actualité. Organisé par l'association Atlantic 2.0, le réseau des acteurs du web et de l'innovation numérique en Pays de la Loire, l'évènement attend chaque année de nombreuses personnes comme toi, passionnées par l'univers des startups.

ATLANTIC 2.0

atlantic2.org · *@atlantic2*

Réseau des acteurs de l'innovation des Pays de la Loire, Atlantic 2.0 fédère depuis 5 ans les startups et PME innovantes dans la région. Animée par 5 permanents, l'association organise plus de 200 événements par an autour du numérique à la Cantine : evening pitch, opencoffee, mobile monday, Startup Week-end etc. Atlantic 2.0 est un

NOTES DU LECTEUR

« connecteur » qui crée les points de rencontres pour constituer ton réseau dans le secteur de l'innovation sur Nantes (11 impasse Juton - 44000 Nantes).

LES SO CHIK 2BE GEEK

sochik2begeek.com
@sochik2begeek

Soirées afterwork, les « so chik » mixent deux filières en rassemblant les startups et les entreprises IT traditionnelles pour élargir l'écosystème et ses perspectives. Lancées en janvier 2010, ces soirées mettent en relation les participants grâce à un module de meeting request online, le tout dans un contexte festif et convivial.

LYON

APÉROENTREPRENEURS

fr.drinkentrepreneurs.org
@aperopreneurs

Ils ne sont pas une spécialité lyonnaise mais la communauté y est ici très active, tu les retrouves dans de nombreuses villes en France tous les premiers jeudis de chaque mois à 19h. Respecte la règle des 3C (pas de cravates, pas de consultants et pas de commerciaux), viens et partage une bière avec des (plutôt) jeunes entrepreneurs de ta ville ! C'est une très bonne occasion de se rencontrer et de mettre un premier pas (ou un autre) dans les réseaux entrepreneuriaux.

LA CUISINE DU WEB

lacuisineduweb.com
@lacuisineduweb

Elle est une association qui réunit tous les ingrédients nécessaires au développement de l'entrepreneuriat web lyonnais : médias, écoles, entrepreneurs, agences, investisseurs, etc. Elle propose divers événements et ateliers aux passionnés du secteur. L'ambiance conviviale t'y assure de belles rencontres et de te créer des opportunités de business au sein de cet écosystème. De plus, les brigadiers travaillent sur un espace de co-working de 700 m2 entièrement dédié au web.

OPENCOFFEE

lyon.opencoffee.fr · *@occlyon*

Ils ont été lancés à Lyon pour encourager entrepreneurs, développeurs et investisseurs locaux à se retrouver lors de rencontres informelles dans la vie réelle afin de discuter et échanger autour de problématiques proches de l'internet et des nouvelles technologies. À Lyon, ils ont lieu tous les vendredis de 10h à 12h, parfois avec un sujet de discussion principal s'il y a présence d'un expert ou bien c'est un échange libre entre les différents participants.

«

LE TEMPS EST CHER : IL LE FAUT EMPLOYER.

»

JEAN RACINE

© FRANÇOIS TANCRÉ / EVENPIXR

APÉRO AVEC DES STARTUPERS

TU LE SAIS DÉJÀ, NETWORKER N'EST JAMAIS AUSSI AGRÉABLE ET FACILE QU'AVEC UN VERRE À LA MAIN. NOUS TE SOMMONS DONC D'ALLER AUX APÉROS RENCONTRER DU BEAU MONDE. L'ALCOOL, LUI, EST À CONSOMMER AVEC MODÉRATION, FORCÉMENT !

START IN PARIS

startinparis.com
@StartInParis

Start In Paris est un évènement mensuel permettant à 5 startups de présenter leur service au cours d'un pitch de 5 minutes à la communauté tech parisienne. Après la compétition de startups se tient un apéro où tu peux échanger avec les entrepreneurs qui viennent de pitcher mais aussi croiser des investisseurs, des blogueurs et consorts.

APÉRO ENTREPRENEURS

aperoentrepreneurs.com
@aperoentrepreneurs

Les Apéros Entrepreneurs, c'est tous les premiers jeudis du mois l'occasion de retrouver d'autres entrepreneurs, dans un cadre informel et original, dans un paquet de villes françaises ou d'ailleurs. Pas de conférences ou de tables rondes, pas de badges accrochés aux vestes, pas d'intervenants «stars», rien que des échanges, presque toujours, de qualité. Une règle à suivre : le respect des 3C : pas de cravates, pas de consultants, pas de commerciaux.

DIGIKA APÉRO

blog.digikaa.com/digikaapero
@digikaa

Organisé par la startup Digikaa, le Digikaapéro a lieu chaque deuxième mardi du mois, à partir de 18h30 dans toute la France. Digikaa est un réseau social destiné aux professionnels du digital, et organise les Digikaapéros pour faciliter tes rencontres IRL (In Real Life), en dehors du réseau social, pour networker, présenter ton travail, voire partager ta vision du digital.

PARIS INTERNATIONAL TECH MEETUP

meetup.com/Paris-Tech-Talks
@ParisTechMeetup

Organisé une fois par mois à Paris, cet évènement réunit toutes les personnes de la scène tech parisienne. Durant la première partie de l'évènement des entrepreneurs s'étant exportés à l'international viennent partager leurs expériences, puis la soirée continue par un apéro networking. Un des seuls événements français liés à l'international.

DATAPÉRO

datapero.com · *@datapero*

Les Datapéros sont des évènements mensuels informels réunissant toutes les personnes intéressées par la data. A l'initiative de cette manifestation, on retrouve deux ex-startups du Camping : Home'n'Go et Qunb. Visant à faciliter tes échanges dans la « Communauté Data », cet apéro, qui prend souvent la forme d'un concours, te permet de faire connaissance, de pitcher ton projet à la communauté, de présenter ton activité, tes besoins et tes solutions autour d'un verre.

LEAN STARTUP MACHINE

leanstartupmachine.com/events/paris · *@LeanParis*

L'événement Lean Startup Machine met en pratique la théorie du livre d'Eric Ries « Lean Startup ». Une communauté s'est construite autour de ce concept et propose de se rassembler pendant un week-end, un peu comme les startups week-ends. Des équipes se forment autour d'une idée, et commencent à la développer selon la technique du Lean Startup.

OPEN COFFEE CLUB PARIS

paris.opencoffee.fr · *@occparis*

L'OpenCoffeeClub de Paris est une rencontre régulière et informelle entre entrepreneurs, investisseurs, développeurs, consultants, avocats, journalistes et toutes les personnes travaillant ou évoluant dans le monde des startups et du web. Cette initiative, qui nous vient tout droit de Londres, a été reprise dans plusieurs villes françaises, et se déroule tous les jeudis matins.

NOTES DU LECTEUR

INTÉGRER DES RÉSEAUX

LES PRINCIPAUX RÉSEAUX

LE RÉSEAU, C'EST LA BASE.
ON TE L'A DÉJÀ DIT, NON ?

RÉSEAU ENTREPRENDRE

reseau-entreprendre.org
@RsoEntreprendre

Réseau Entreprendre peut aider les porteurs de projet à faire le premier pas, en facilitant le financement de leur projet, en offrant l'opportunité de rencontrer des chefs d'entreprises, partout en France, prêts à accompagner des entrepreneurs en phase d'amorçage. Pourquoi pas toi ?

100 000 ENTREPRENEURS

blog.100000entrepreneurs.com
@100_KE

Association d'intérêt général fondée par Philippe Hayat, 100 000 Entrepreneurs vise à transmettre aux jeunes la culture entrepreneuriale. Rejoindre cette association, c'est aussi sensibiliser les futures générations aux dispositifs de création d'entreprise et aux moyens de financement et d'accompagnement existants.

PARRAINER LA CROISSANCE

parrainerlacroissance.org
@la_croissance

Avec pour seul cri de ralliement : « PME MEUH MEUH !! », Parrainer la Croissance est une association qui a pour ambition de dynamiser les startups participantes tout en créant un nouveau modèle dans le paysage entrepreneurial français. Elle constitue à la fois un outil de réseau, de développement, de financement des startups, d'incubation et de lobbying politique.

CAP DIGITAL

capdigital.com • @capdigital

Cap Digital est le pôle de compétitivité des contenus et services numériques. Ce pôle regroupe plus de 700 adhérents des PME, des écoles et universités et des investisseurs en capital. L'objectif affiché est la promotion de la R&D et le soutien à la créativité et la compétitivité des entreprises du secteur.

FRANCE DIGITALE

francedigitale.org • @FRdigitale

Association qui réunit plus de 100 professionnels du numérique (startups, investisseurs, entrepreneurs). France Digitale a pour objectif de promouvoir et soutenir l'économie numérique en France à travers des propositions concrètes, un baromètre de l'écosystème digital français et des évènements.

CROISSANCE PLUS

croissanceplus.com
@CroissancePlus

Créée en 1997, CroissancePlus est une association professionnelle d'entrepreneurs qui fédère les dirigeants d'entreprises en forte croissance et leurs partenaires. Réunis au sein de CroissancePlus, ces dirigeants se battent pour imposer un nouveau modèle entrepreneurial, soutenir la création d'entreprise et d'emplois, tout en partageant les fruits de la croissance.

CJD

jeunesdirigeants.fr
@CJD_France

Le CJD est un mouvement de jeunes dirigeants représentatifs du tissu économique français, qui défendent l'idée d'un libéralisme responsable. C'est avant tout un lieu où les jeunes dirigeants peuvent échanger, se former et progresser. Installé dans toutes les régions et plusieurs pays, le CJD est THE place to be pour rencontrer des jeunes entrepreneurs talentueux comme toi.

We Can Do It!
POST FEB. 15 TO FEB. 28
WAR PRODUCTION CO-ORDINATING COMMITTEE

ASSUMER SA FÉMINITÉ

LES FEMMES ENTREPRENNENT AUSSI BIEN QUE LES HOMMES (VOIRE MIEUX), C'EST BIEN CONNU. LES RÉSEAUX D'ENTREPRENEUSES S'ORGANISENT, REJOINS LE MOUVEMENT.

FÉDÉRATION PIONNIÈRES

federationpionnieres.org
@LesPionnieres

La Fédération Pionnières est une structure qui promeut l'entrepreneuriat féminin en France en accompagnant les femmes dans leur projet de création d'entreprise innovante. Cet incubateur fondé en 2005 propose différentes formes d'accompagnement : des modules « émergence » pour la maturation des projets au stade de l'idée, un module d'accompagnement dans l'incubateur pour les projets récemment lancés, ou une place dans la pépinière pour les entreprises de 1 à 3 ans.

GIRLZ IN WEB

girlzinweb.com · *@GirlzInWeb*

Girlz in Web, « le réseau au féminin pluriel » a été fondé en 2009 par Célina Barahona et Lucile Reynard. Ce collectif féminin a pour vocation de représenter les femmes dans l'univers du web. Il rassemble des professionnelles du web qui organisent des workshops, des réunions, des formations (Digital Women Camp), des cocktails-networking etc.

© FRANÇOIS TANCRÉ / EVENPIXR

GIRLS IN TECH

gitparis.com · *@GITParis*

Girls in Tech est un réseau international fondé en 2007 à San Francisco, qui se développe aujourd'hui partout dans le monde (Inde, Brésil, Grèce, Chine, France, etc.). GiT se bat pour favoriser et promouvoir le succès des femmes dans le monde très masculin de l'entrepreneuriat et des nouvelles technologies. Elles organisent deux types d'évènements ouverts aux hommes et aux femmes : des mini-conférences animées par des intervenantes spécialisées dans les nouvelles technologies, et des Happy Hours pour networker.

4

TU SURPRENDRAS

PROCHES DU BUREAU, PROCHES DE CHEZ TOI OU PAS DU TOUT, LES RENDEZ-VOUS SE MULTIPLIENT, ET LES TRAJETS AUSSI. PARFOIS, TU N'AS PAS LE CHOIX, LE RENDEZ-VOUS DOIT SE FAIRE À L'EXTÉRIEUR ET CE N'EST PAS PLUS MAL DE QUITTER LE BUREAU. CE CHAPITRE EST CONSACRÉ AUX ENDROITS BIEN SITUÉS ET BIEN PRATIQUES. IL Y EN A POUR TOUS LES GENRES !

COMMENT DÉCROCHER UN CONTRAT EN UN COCKTAIL…

LES 7 MARCHES DE LA VICTOIRE

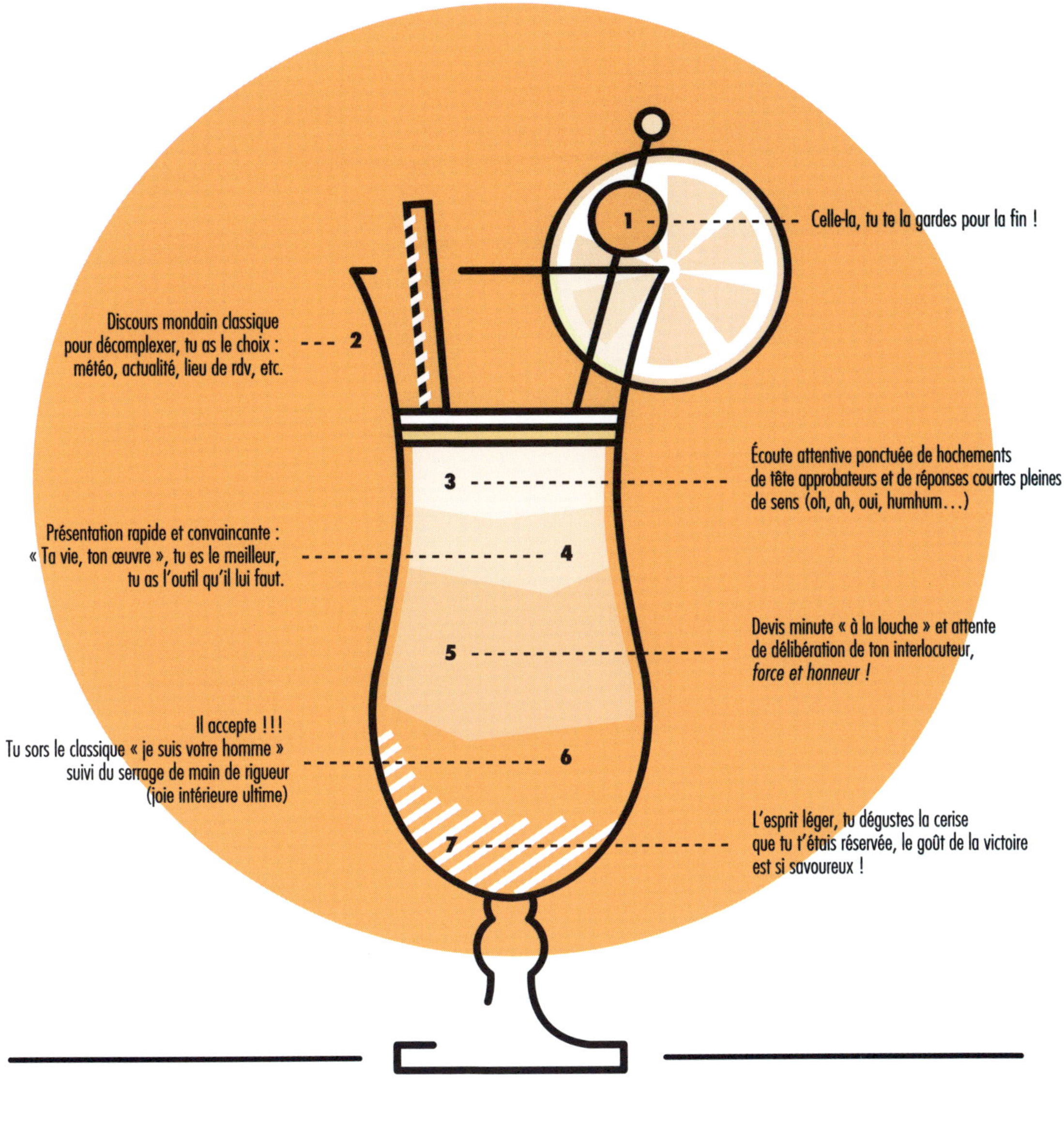

RINCER TES CLIENTS DANS UN LIEU SUPERBE

LORSQUE TU AS UN GROS CONTRAT À SIGNER, POURQUOI NE PAS OFFICIALISER L'AFFAIRE DANS UN CADRE SOMPTUEUX, HISTOIRE D'Y METTRE LES FORMES. APRÈS TOUT, UN GROS CONTRAT, CELA SE FÊTE.

LE PETIT SALON DE L'HÔTEL PARTICULIER

hotel-particulier-montmartre.com

23, av. Junot, Pavillon D, Paris 18^{e}

01 53 41 81 40

Un cadre chic sur la butte Montmartre pourra en épater plus d'un. Dans cet Hôtel magnifique, le petit salon très français permet d'accueillir dans des conditions assez spectaculaires. La terrasse ouverte est fantastique !

LE BAR D'APICIUS

restaurant-apicius.com

20 rue d'Artois, Paris 8^{e}

01 43 80 19 66

Un décor magistral, hors de prix si tu décides d'y manger mais accessible pour y boire un verre. L'entrée se fait par la cour arborée de l'hôtel particulier, l'accueil est princier, l'ambiance chic, etc. De quoi te donner des airs de grand patron ! Le bar est ouvert de 12h à 15h et de 18h30 à 00h.

HÔTEL RAPHAEL

raphael-hotel.com

17 av. Kléber, Paris 16^{e}

01 53 64 32 00

À deux pas des Champs Élysées, la terrasse de cet hôtel offre une vue sans égal sur l'Arc de Triomphe et la Tour Eiffel, idéal pour impressionner tes clients avec un beau panorama.

THE 7TH

terrass-hotel.com

12-14 rue J. de Maistre, Paris 18^{e}

01 46 06 72 85

La terrasse du Terrass Hôtel, située au 7e étage, surplombe le tout Paris et te permet d'épater tes clients, que ce soit avec la vue, le cadre chic ou les cocktails surprenants. Un endroit idéal pour signer des contrats et amener tes collaborateurs au septième... étage !

LE BAR À VINS DE L'HÔTEL DU MINISTÈRE

ministerehotel.com/fr/bar-bar-a-vins

31 rue de Surène Paris 8^{e}

01 42 66 21 43

Amateur de bon vin, ne cherche plus. Au Bar de l'Hôtel du Ministère, c'est la spécialité. Une carte changeante chaque semaine, des raretés et des nouveautés, bref, un beau bouquet ! Impressionne ton interlocuteur en te renseignant à l'avance sur ce que tu vas lui proposer, histoire de faire bonne impression. Cette fois-ci, c'est du sérieux.

SE POSER AUTOUR D'UN CAFÉ AVEC DES RELATIONS

QUOI DE PLUS AGRÉABLE QUE DE PARTAGER UN PETIT MOMENT DE CONVIVIALITÉ AVEC TES AMIS ? ET POUR FAIRE UNE VRAIE COUPURE DANS TON TRAVAIL, TU ÉVITES DE PARLER BOULOT.

CLAUS

clausparis.com
14 rue JJ. Rousseau, Paris 1er
01 42 33 55 10

« L'épicerie du petit-déjeuner ». Réserve ta table à l'étage, près des fenêtres et laisse-toi tenter par l'un des riches petits déjeuners, à moins que tu ne préfères un simple œuf à la coque, un jus de fruits pressé ou un excellent muesli maison (préparé la veille).

CAFÉ LOMI

cafelomi.com
3 ter rue Marcadet, Paris 18e
09 80 39 56 24

Lomi, torréfacteur artisanal, travaille pour l'hôtellerie. En ouvrant son lieu de dégustation dans une ambiance atelier, il sert en direct aux amateurs une infusion de café – sous forme d'expresso, de café filtre ou de Chemex – à partager à deux ou à trois. Et pour les apprentis baristas, des ateliers sont organisés.

L'ÉCLAIR

leclairparis.com
32 rue Clet, Paris 7e
01 44 18 09 04

Un coffee shop minimaliste aux murs blanchis à la chaux, pour un café travaillé avec passion. Ils servent également de nombreux cocktails le soir et cachent de nombreux trésors dans le bar. A la chasse !

LE TÉLESCOPE

telescopecafe.com
3 rue Villedo, Paris 1er
01 42 61 33 14

Sandona de Colombie ou Fazenda Inglaterra du Brésil, torréfié maison ou par les bons soins d'un torréfacteur invité, en filtre ou en espresso, en noisette ou cappuccino superbement onctueux, alors, si malgré ça vous bronchez encore, on ne peut plus rien faire...

ANTICAFÉ

anticafe.fr
79 rue Quincampoix, Paris 3e
01 73 73 10 74

Un lieu et un concept très original ! Tu ne paies pas ce que tu consommes mais uniquement le temps passé dans le café. Tu peux donc consommer à volonté café, chocolat chaud, limonade, cake et autres mignardises durant tout ton temps attablé. Idéal pour travailler et faire des rendez-vous.

© CAFEOBLOG.WORDPRESS.COM

LE CONCEPT : LES WORKING CAFÉS

CHANGE D'AIR, QUITTE LE BUREAU OU LA MAISON ET VIENS T'INSTALLER DANS CES NOUVEAUX CAFÉS À PARIS OÙ IL T'EST DONNÉ DE TRAVAILLER DANS UNE AMBIANCE DÉCONTRACTÉE, UN VERRE À CÔTÉ DE L'ORDINATEUR. POUR RESTER BRANCHÉ À PARIS, PLUSIEURS ADRESSES, DONT NOTAMMENT...

LE KOOKA BOORA

62 rue des Martyrs, Paris 9e

01 56 92 12 41

Make coffee, not war ! Voilà une affichette qui pose l'adresse. Un bocal cool, très connecté à l'intérieur et en terrasse avec des tables hautes et de bons gâteaux à déguster le nez dans tes rapports et contrats.

LE CRAFT

cafe-craft.com

24 rue des Vinaigriers, Paris 10e

01 40 35 90 77

Un lieu convivial de connexion et d'ébullition, idéal pour les travailleurs indépendants. En échange d'une consommation, tu peux plancher sur un dossier avec un associé, répondre à tes mails en solo, rencontrer un graphiste, etc. Très work-friendly, le Craft ouvre largement ses portes aux « sans-bureau » qui peuvent travailler dans son cadre design et spécialement aménagé. Un concept importé de Brooklyn.

DÉTENDRE VOS ÉQUIPES

DEUX OU TROIS BONNES ADRESSES POUR ENRICHIR TON CARNET.

VICTORIA CROSS

23 avenue Victoria, Paris 1er
01 40 26 15 68

Dans cette brasserie contemporaine sur fond de métissage suisse, proposant des plats traditionnels et où excelle une des 30 meilleurs barmans de France, le Victoria Cross est un bon endroit pour se rencontrer et networker. Un lieu notamment utilisé par les Digikaapéros

LE PLAYERS

161 rue Montmartre, Paris 2e
01 40 26 92 00

C'est en effet le lieu où se tient le StartinParis, mais en dehors de cet évènement, le bar reprend son rythme habituel. Incontournable les soirs de diffusion d'évènements sportifs, le Players bénéficie d'une cuisine dont la carte va des tapas, au « bon gros » burger. Idéal pour boire un verre entre amis et siroter un cocktail d'après-boulot.

A TOUTES VAPEURS

7 rue de l'Isly, Paris 8e
01 44 90 95 75

Situé à deux pas de la gare Saint-Lazare, le bar accueille à toute heure, les voyageurs, les travailleurs ou les touristes dans une ambiance très conviviale. La cuisine vapeur est vraiment excellente et copieuse et la décoration moderne permet de passer un bon moment lorsque arrive l'heure de l'Happy Hour.

© ATOUTESVAPEURS.COM

LE PIANO GOURMAND

29 rue du Quatre Septembre, Paris 2e
01 40 06 01 30

Proche du quartier de l'Opéra, le Piano Gourmand est un café restaurant idéal pour boire un verre ou partager un bon repas avec tes amis. Un côté brasserie qui ne manque pas de charme et qui sait te faire oublier tes soucis du quotidien.

LA BOMBE

20 rue du Quatre Septembre, Paris 2e
01 42 65 57 29

La Bombe est un café-resto du quartier de l'Opéra où il fait bon se retrouver après le boulot ou avant le spectacle à l'heure de l'Happy Hour (la Michaudière et les Bouffes parisiennes ne sont pas loin).

ROSA BONHEUR

Parc des Buttes Chaumont
2 allée de la Cascade, Paris 19e
01 42 00 00 45

Situé sur le haut du parc des Buttes de Chaumont, le Rosa Bonheur est un bar à ambiance musicale. Doté d'une grande terrasse, c'est un lieu idéal pour aller boire un verre après une dure journée. Attention, le bar est victime de son succès, prévois un peu d'attente.

FAIRE LA FÊTE AVEC SES ASSOCIÉS

LA SIGNATURE D'UN GROS CONTRAT SE CÉLÈBRE AVEC TON CLIENT MAIS AUSSI ET SURTOUT AVEC TES ASSOCIÉS. POUR DES SOIRÉES CÉLÉBRATIONS, VOICI NOS RECOMMANDATIONS.

PAN PIPER

pan-piper.com
2-4 impasse Lamier, Paris 11e
Pan Cooker
8 rue de Mont-Louis, Paris 11e
01 40 09 41 30

« Un espace de travail qui invite à la sérénité », « une atmosphère propice à la convivialité », « un parfum de nouveauté » : autant dire l'endroit idéal pour les entrepreneurs en mal d'espace ! Après la réunion de travail, place à la fête avec au choix concert, café-théâtre, projection, défilé, one-man show etc. Tous les événements sont possibles. Pour manger, il y a le Pan Cooker à deux pas, restaurant le midi ou privatisable le soir, promettant d'offrir « des solutions culinaires à moindre coût ».

SOIRÉE DÉGUSTATION À LA CONTRE-ETIQUETTE

36 rue Sainte-Marthe, Paris 11e
01 42 01 08 51

Le caviste à contre-courant fait aussi table d'hôte. Christophe Guitard, dénicheur de vignerons, te propose des vins hors producteurs battus, et n'a pas son pareil pour te les présenter. Des vins méconnus à découvrir autour d'une soirée dégustation originale et un accord mets-vins inoubliable.

LE SHERRY BUTT

20 rue de Beautreillis Paris 4e
09 83 38 47 80

Dans ce bar cosy ouvert en septembre 2012, il t'est donné de goûter à plus de 80 marques de whisky. Tu l'as bien compris, c'est la spécialité de la maison, et le précieux liquide ambré se décline en une dizaine de cocktails que tu peux partager en fin amateur avec tes proches.

LE COQ

barlecoq.com
12 rue du Château d'Eau Paris 10e
01 42 40 85 68

Un nom à la résonnance bien française, et pour cause, puisqu'ici, les classiques de notre douce France sont remis au goût du jour : chartreuse, calva, cognac... Le tout dans un décor des années 70, avec en prime des serveurs cravatés. De quoi redorer le blason d'une vieille France riche d'Histoire.

© IEJNEWS.COM

ORGANISER UNE RÉUNION AVEC SES ACTIONNAIRES

GENTIL COMME TU ES, TU CHERCHES À LOUER UNE SALLE POUR ORGANISER UNE RÉUNION AVEC TES ACTIONNAIRES ?

TOKYO EAT

palaisdetokyo.com

13 Avenue du Président Wilson, Paris 16e

01 47 20 00 29

Louer une salle de réunion sous néons et meubles Ikea, c'est trop convenu. L'ère du Wifi permet de se réunir (presque) où l'on souhaite. Autant que ce soit dans un endroit décalé... Son restaurant, le fameux Tokyo Eat, est ouvert de midi à 2h, tous les jours. Il te propose de grandes tables rondes, capables de réunir nombre de personnes. Suggère, à la fin de la réunion, un tour dans les salles ou des photos au Fotomat vintage. Tu les surprends à coup sûr !

LA PARENTHÈSE ENCHANTÉE

la-parenthese-enchantee.com

56 rue de Douai, Paris 9e

09 80 78 49 45

Toutefois, si tu recherches un endroit sobre, il y a ce nouveau petit centre culturel pour enfants et adultes qui réserve la double surprise d'être une belle salle voutée en sous-sol et d'avoir un prix de location défiant toute concurrence (à partir de 110€). Martine Acabo, ex-assistante de JL Delarue, est rodée pour répondre à tous tes besoins d'organisation.

UN DINER AVEC SES FUTURS ACTIONNAIRES

LÀ, C'EST DU SÉRIEUX, TU T'APPRÊTES À RENCONTRER DES FUTURS ACTIONNAIRES POTENTIELS. CHOISIR UNE BONNE TABLE T'AIDE TRÈS CERTAINEMENT DANS TES NÉGOCIATIONS.

PAN

12 rue Martel, Paris 10e
09 52 51 63 70
FERMÉ SAMEDI MIDI, DIMANCHE ET LUNDI

On évite de se ruiner dans une table chic et chère, comme La Société, et on choisit des tables plus accessibles au nom toujours aussi adéquat. Et pan, dans le mille ! Cette table fait partie des valeurs sûres de la capitale. Les abricots rôtis et pistaches fondants achèvent de convaincre ton invité. Une adresse bien ciblée.

GARANCE

garance-saintdominique.fr
34 rue Saint-Dominique, Paris 7e
01 45 55 27 56

Restaurant multicarte qui s'adapte à la personnalité de ton invité, si difficile soit-il. Il n'a pas le temps et désire manger rapidement ? Tu peux y déguster un assortiment d'étonnants tapas. Il est carnivore et brûle d'envie de dévorer une excellente viande ? L'entrecôte cuite au barbecue le comble au-delà de ses espérances.

BEAUCOUP

beaucoup-resto.com
7 rue Froissart Paris 3e
01 42 77 38 47

Un ancien showroom transformé en restaurant, mené par les patrons de Glou et du Jaja. Viandes au grill, desserts gourmands, service chic et discret, et en prime, un petit fumoir et un bar à cocktails à l'étage. Le nouveau rendez-vous parisien des créateurs et des publicistes.

MON CHASSEUR D'ADRESSES PARIS

CES LIEUX ONT ÉTÉ PISTÉS PAR

MON CHASSEUR D'ADRESSES
monchasseurdadresses.com/fr

TROUVER DES CADEAUX ÉTONNANTS

POUR RÉCOMPENSER LE TRAVAIL BIEN FAIT, RIEN DE MIEUX QUE DES CADEAUX PERSONNALISÉS ET INSOLITES.

UN POT DE CONFITURE AVEC TON LOGO

Joliment emballé, ce cadeau gourmand fera plus d'effet qu'un bic personnalisé!

La Chambre aux confitures
lachambreauxconfitures.com
19 rue des Martyrs, Paris 9e
60 rue Vieille-du-Temple, Paris 3e
01 71 73 43 77

DES BISCUITS AVEC TA MARQUE

Et pour accompagner la confiture, quoi de mieux que de craquants sablés avec des «étiquettes sur mesure»?

Bogato
chezbogato.fr
7 rue Liancourt, Paris 14e
01 40 47 03 51

COQUE D'IPHONE OU D'IPAD GRAVÉE POUR LES GEEKS

iPhone, iPad, autres smartphones et produits actuels peuvent porter ton logo, slogan ou un message qui va séduire ton client.

Make and mark
make-and-mark.com/shop
35 rue des Martyrs, Paris 9e
09 51 80 79 59

TES PHOTOS INSTAGRAM ET FACEBOOK SUR DIFFÉRENTS SUPPORTS

printklub.com

Un site pour imprimer tes photos Instagram et Facebook sur différents supports, coques Iphones, Mugs etc.

DES PRODUITS PERSONNALISÉS

spreadshirt.fr

Un site pour personnaliser une multitude de produits, tee shirts, sacs, coques, etc.

DES OBJETS DESIGN ET INSOLITES

thefancy.com

Une sélection par les internautes d'objets design et insolites...

POSTERS POUR MOTIVER TON ÉQUIPE

startupvitamins.com

Un site parfait pour trouver les meilleurs posters pour motiver ton équipe, à offrir ou coller dans tes bureaux!

ET POUR DES IDÉES...

theidee.fr

Si tu manques terriblement d'inspiration, ce site peut t'aider : il suffit d'indiquer le sexe, l'âge et une fourchette de prix, le site suggère des propositions de cadeaux originales.

«

QUEL EST VOTRE SECRET POUR AVOIR DU SUCCÈS ?

OFFRIR DU BON MIEL À LA BONNE MOUCHE AU BON MOMENT ET AU BON ENDROIT.

»

SALVADOR DALI

5

TU T'HÉBERGERAS

UN GARAGE, UN CANAPÉ,
UN BOUT DE TABLE, C'EST TRÈS BIEN
POUR COMMENCER. SEULEMENT, IL S'AGIT
DE GRANDIR ET DE TE TROUVER UNE PLACE
AU SOLEIL, AU CŒUR DE L'ÉCOSYSTÈME.
CETTE PARTIE RECENSE LES MEILLEURS
ENDROITS POUR INSTALLER TON QUARTIER
GÉNÉRAL, ET BÉNÉFICIER DE CONSEILS
DE PROFESSIONNELS.

WHERE MY CLIENTS THINK I WORK

WHERE I REALLY WORK…

TROUVER DU WIFI DANS LES CAFÉS

NOMADE COMME TU ES, LE WIFI T'EST DEVENU ESSENTIEL. VOICI DE QUOI TROUVER LES POINTS DANS PARIS OÙ TU PEUX TE RESSOURCER.

© ALEJANDRO ESCAMILLA

MYLITTLEPARIS

mylittleparis.com/operation/carte-bar-cafe-wifi-paris

MyLittleParis présente sur une carte une sélection des meilleurs cafés de Paris équipés de wifi. Tu trouves des cafés pour tous les goûts, du café « Anti-blues du Dimanche soir » au café « Pour les fauchés ».

CAFÉS WIFI

cafes-wifi.com

Cafés wifi est un guide des cafés parisiens proposant un accès wifi gratuit. Près de 150 cafés parisiens où il fait bon travailler sont ainsi référencés sur le site, et pour chacun d'entre eux une fiche détaillée et des photos te permettent de te faire un avis. Tous les cafés ont été testés et approuvés par l'équipe.

TROUVER UN ESPACE DE CO-WORKING SUR INTERNET

DE NOMBREUX LIEUX À PARIS T'OFFRENT UN CADRE IDÉAL POUR TRAVAILLER, SEUL OU À PLUSIEURS. S'IL N'EST PAS TOUJOURS FACILE DE T'Y RETROUVER OU DE SAVOIR OÙ ALLER, VOICI QUELQUES SITES QUI VONT T'AIDER DANS TON CHOIX.

BUREAUX À PARTAGER

bureauxapartager.com
@BureauAPartager

Véritable moteur de recherche pour trouver un espace de travail. De multiples critères sont possibles pour trouver un bureau qui correspond à des attentes précises.

EWORKY

eworky.com • @eWorky

eWorky répond à un besoin simple : pouvoir accéder à un wifi, louer une salle de réunion ou de formation, de façon ponctuelle, et dans des villes différentes. Rien de plus, rien de moins. La plateforme collaborative te permet de réserver et de partager des lieux de travail intéressants.

NEONOMADE

neo-nomade.com
@neonomade_com

Neonomade est un guide pour trouver et réserver des espaces de travail. Grâce à leur site et leurs applications mobiles, Neonomade t'accompagne pour trouver des lieux flexibles, ouverts, et connectés proches de chez toi. Leur devise : « Work outside the box ».

UNE ENVIE D'INTERNATIONAL ?

STARTUPSTAY.COM BIZPORA : LE AIRBNB DES ENTREPRENEURS
startupstay.com ; @StartupStay

StartupStay.com est une communauté mondiale de startupers qui voyagent. Avec StartupStay, plus besoin de réserver d'hôtel, tu peux loger chez un autre startuper dans la ville de ton choix. L'équipe fondatrice de StartupStay souhaite faciliter la rencontre entre entrepreneurs lors de voyages professionnels. Les bénéfices peuvent être multiples : te forger de nouvelles amitiés, établir des partenariats, créer des opportunités business, et même, pourquoi pas, lancer de nouvelles startups.

LES ESPACES DE TRAVAIL INCONTOURNABLES

PARIS

LE MONDE DES STARTUPS PARISIENNES EST UNE VÉRITABLE FOURMILIÈRE. PASSAGE EN REVUE DES ENDROITS QUI CONCENTRENT L'ACTIVITÉ ENTREPRENEURIALE PARISIENNE.

PÉPINIÈRE 27

pepiniere27.fr · @pepiniere27

Pépinière 27 est un espace de coworking situé dans les anciens locaux de l'Etudiant. Cet espace a une histoire, du charme et surtout une âme, incarnée par René Silvestre, le fondateur de l'Etudiant. La pépinière 27 offre bien sûr des locaux, mais aussi des services, de l'animation, de l'accompagnement et en prime, l'air du 27... L'ambiance est impeccable !

LA CANTINE

lacantine.org · @lacantine

La Cantine est un espace de travail collaboratif situé en plein cœur de Paris et relié à d'autres structures en France et à l'étranger. Animée par Silicon Sentier, la Cantine héberge de très nombreux évènements de la scène Web et Tech parisienne. À toute heure, tu y trouves plein d'entrepreneurs, développeurs qui travaillent sur de multiples projets. Un endroit incontournable qui se trouve au sein du magnifique passage des panoramas.

MUTINERIE

mutinerie.org · @MutinerieCrew

« Libres Ensemble », c'est la devise qui orne les étendards de Mutinerie. Cet espace de coworking parisien offre aux indépendants et aux entrepreneurs un cadre de travail stimulant et un écosystème efficace pour leur permettre de rester autonomes sans être isolés. Un objectif en tête : proposer et promouvoir une nouvelle forme de vie professionnelle en rassemblant des gens compatibles et complémentaires autour de valeurs communes, dans un même espace de travail partagé.

© SHUTTERSTOCK - LI CHAOSHU

LAWOMATIC

lawomatic.fr · *Tw @lawomatic*

Espace de coworking regroupant de multiples professions, le Lawomatic se veut, avant tout, un espace de travail et de recherche, un laboratoire à idées. Il accueille des esprits innovants venant de tous horizons : professionnels indépendants, architectes, paysagistes, graphistes, stylistes, journalistes et acteurs des nouvelles technologies, du son et de l'image. C'est un lieu ouvert à de nouveaux projets et aspirant à travailler autrement, le tout toujours sur la base de la collaboration.

LA RUCHE

la-ruche.net · *@HappyRuche*

La Ruche est un espace de travail et de création collectif pour entreprendre autrement à Paris. Ouverte à toute personne proposant une réponse innovante à un défi social ou écologique, la Ruche concilie économie et développement humain. Toute activité avançant sur cette voie y est la bienvenue. Chez eux, on travaille côte à côte et surtout ensemble.

NANTES

LA CANTINE NUMÉRIQUE

cantine.atlantic2.org · *@Atlantic2*

Créée par Atlantic 2.0, la Cantine est avant tout un espace de co-working avec environ 30 postes mis à disposition. La Cantine accueille un public d'entrepreneurs, d'investisseurs, d'experts métier, de salariés, d'indépendants, de chercheurs, d'étudiants... Toute personne travaillant dans le web et dans l'innovation numérique y est la bienvenue.

© ATLANTIC 2.0

LYON

LA CORDÉE

www.la-cordee.net · *@La_Cordee*

Espace de co-working proposant plusieurs sites dans Lyon, si vous y venez, ce n'est sans doute pas seulement pour travailler. Que vous soyez entrepreneurs, freelances, ou télétravailleurs, vous y trouverez une très bonne ambiance de travail, mais vous pourrez aussi partager beaucoup avec les autres encordés : entraide, événements professionnels, conseils, repas, apéros... Cet espace de travail et d'échanges regroupe des profils variés et c'est entre autre cette pluralité qui lui confère sa convivialité.

L'ATELIER DES MÉDIAS

www.atelier-medias.org
@Coworking_lyon

Ce lieu est dédié aux travailleurs indépendants des médias, du web et de l'image. Son objectif est de permettre le développement de réseaux solides entre ces différents acteurs basés notamment sur la confiance mutuelle.

TOULOUSE

LA MÊLÉE
lamelee.com · @La_Melee

Cet espace de co-working porte en lui une dimension sociétale avec une démarche collaborative tant au niveau professionnel qu'économique ou culturel. L'association La Mêlée est née en 2000 et regroupe 600 adhérents, utilisateurs et entreprises du numérique, de la startup au grand groupe en passant par les acteurs institutionnels et constitue l'un des principaux réseaux d'entrepreneurs numériques associatifs français. La Mêlée réunit chaque année près de 20 000 participants sur l'ensemble de ses activités, qu'elles se déroulent à la Cantine Numérique, tiers lieu de coworking et de frottement numérique, ou lors de différents événements, dont la Mêlée Numérique, son événement phare, principale rencontre numérique de province.

LA TIC VALLEY
tic-valley.fr · @TICVALLEY

La TIC Valley est une association toulousaine qui fédère et regroupe une vingtaine de startups et PME innovantes à différents stades de leur développement. C'est une initiative menée par des entrepreneurs pour des entrepreneurs. Elle se donne pour mission de développer l'excellence et la productivité dans les TIC et d'être le catalyseur du développement des startups et PME innovantes en Midi-Pyrénées. Depuis octobre 2012 elle développe son accélérateur de startups : Le Camping Toulouse, en collaboration avec Le Camping Paris. Elle est également l'ambassadeur de France Digitale en Midi-Pyrénées.

LES ESPACES À DÉCOUVRIR À PARIS

- LELAPTOP.COM
- WORKINPARIS.COM
- LA-POUSSINADE.FR
- STUDIOS-SINGULIERS.FR
- COWORKSHOP.FR
- ATELIERS-DRAFT.COM
- STUDIOS-SINGULIERS.FR

PARTENAIRE DES ENTREPRENEURS DE CROISSANCE

ECOSYSTÈME

Mazars, lebusinessplan.fr, Maddyness et d'autres TPE/PME complémentaires, se sont associées en un écosystèmes d'experts pour permettre aux StartUp de se focaliser sur leur cœur de métier : Concevoir > Produire > Vendre.

QUALITÉ & FLEXIBILITÉ

Ainsi, à des tarifs adaptés à leur stade de développement, nous externalisons leurs fonctions de support : business plan, subvention, CIR/JEI, propriété intellectuelle, comptabilité, paie, levée de fonds, recrutement etc.

INTERNATIONAL

A travers Mazars, nous accélérons leur croissance internationale dans 72 pays, tant d'un point de vue administratif que, au cas par cas, via la mise en relation avec des réseaux locaux.

PPM
La communication au service des entrepreneurs

SLAP DIGITAL
Agence de génération de trafic qualifié!

URBAN LINKER
Le recrutement adapté aux startups du digital

U&I
U&I application mobile dédié au couple

OH MY LINK
Conseil en stratégie et communication numérique

PARIS BUSINESS ANGELS
1er Réseau de Business Angels, investissant 2 à 4M€ / an

L'ACCÉLÉRATEUR
Nurturing Successful Entrepreneurs

WORK IN PARIS
Coworking convivial et flexible

EDGARPEOPLE.COM
Edgar People, leading Digital headhunting Company

ANAXAGO
Le crowdequity au service de l'innovation

SMARTANGELS
Le crowdfunding pour les start-up

ZENWESHARE
Le profil de l'économie collaborative !

HUMAN VENTURES
From People Empowerment to Powerful Innovation

THE CFO COMPANY
La finance au service des entrepreneurs

CAMEO
L'Innovation Agency de la transition énergétique

NEMATIS
Agence web, e-commerce & e-marketing

LES BACKPACKEURS

INTUITI
Agence conseil en tactique digitale

MESSAGE BUSINESS
Smart application
Email / SMS marketing

SYMATOP RESEARCH
De la connaissance naît l'action...

SMART TRIBUNE
Révolutionner
votre relation client

FEEL & CLIC
Créateurs de plateformes digitales
haut de gamme

FNAC PRO
Tout l'équipement high-tech des
TPE

LE PRIX DE L'ENTREPRENEUSE
leprixdelentrepreneuse.com

SOWEFUND
Prenez part au financement
des startups

IAKAA
L'assistance informatique
à distance

MYWISI
The Innovation Factory

BE2BIZ
Le troc modernisé ...
entre pros.

PITCHY
Votre vidéo professionnelle
en quelques clics

GIRLS IN TECH PARIS
L'entreprenariat tech se féminise !

CREADS
La finance au service
des entrepreneurs

CHANEL
chanel.com

BENOIT WARNERY
Accompagnateur de talents

LEUR CONTRIBUTION NOUS A PERMIS DE FINANCER L'IMPRESSION DU LIVRE

6

TU TE PERFECTIONNERAS

CHERCHER À FAIRE PAR SOI-MÊME,
C'EST BIEN. CONNAÎTRE, SAVOIR
ET APPRENDRE, C'EST MIEUX
ET CE N'EST PAS FORCÉMENT AUSSI
CHER QUE L'ON PEUT LE PENSER, SURTOUT
AVEC LES NOUVELLES UNIVERSITÉS ENTRE
PARTICULIERS
QUI ÉMERGENT SUR LE WEB.
QUE DIRAIS-TU D'EN SAVOIR PLUS
SUR LES MEILLEURES FORMATIONS
OU CONFÉRENCES ?

LE CERVEAU DE L'ENTREPRENEUR

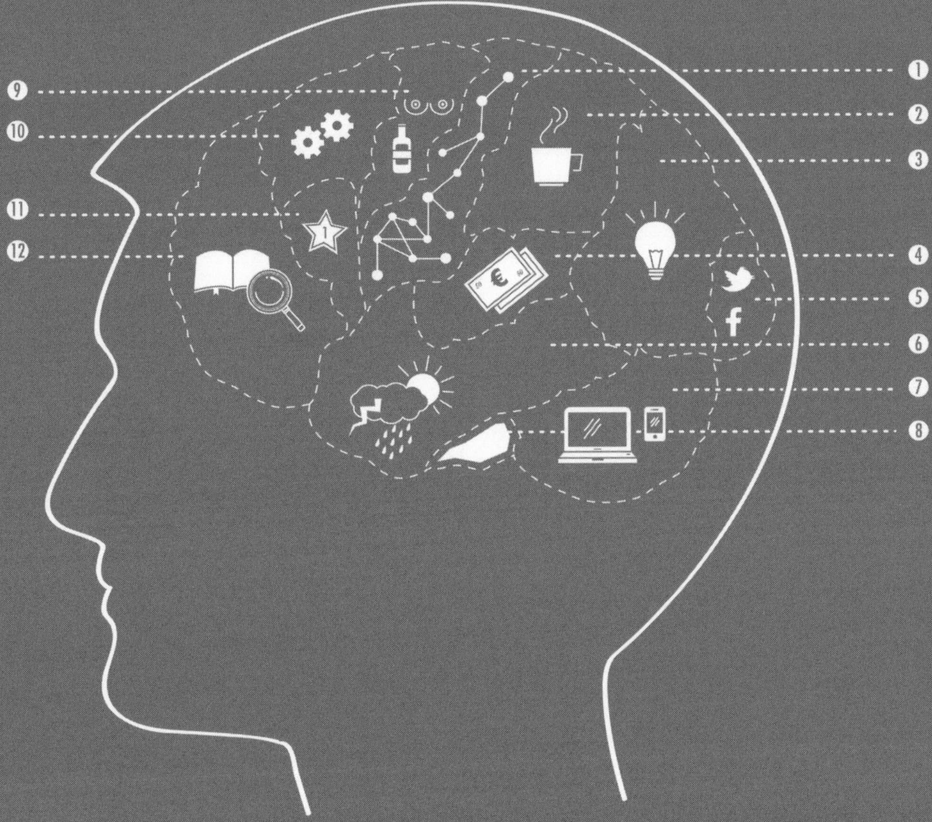

1 • Network, network, network !

2 • Dans 5 minutes, je fais une pause café…

3 • Ici naissent les idées révolutionnaires de demain.

4 • Money, money… it's a rich man's world.

5 • Zut ! Déjà midi… ?!

6 • Moment de doute intense… il faut faire un point !

7 • Plus que 3 j, 2h, 11min avant la sortie du dernier iMacpro !

8 • ……… black out total.

9 • Booze & Boobs… quality time !

10 • Parfois, je travaille. Mais vraiment. Réellement.

11 • Moi, ma confiance, ma bataille

12 • J'aime apprendre des choses. Sur la vie, la mort, les lapins…

INCUBATEURS & ACCÉLÉRATEURS

COMME LEURS NOMS L'INDIQUENT, LES INCUBATEURS ET LES ACCÉLÉRATEURS DÉVELOPPENT ET ACCÉLÈRENT LA CROISSANCE DES STARTUPS ET LES ACCOMPAGNENT DANS LEUR DÉVELOPPEMENT. ZOOM SUR CES BOOSTERS D'ACTIVITÉ, QUI VONT T'ÊTRE D'UNE GRANDE AIDE.

PARIS INCUBATEURS

parisincubateurs.com
@paris_incub

Paris Incubateurs est un des pendants du Laboratoire Paris Région Innovation. Depuis plus de dix ans, Paris Incubateurs met son expertise au service des créateurs d'entreprises innovantes, et les accompagne dans leurs projets en phase d'amorçage puis de décollage. Paris Incubateurs anime aujourd'hui huit incubateurs d'entreprises, tu vas certainement trouver le tien.

THE FAMILY

thefamily.co · *@_TheFamily*

TheFamily est le dernier né des accélérateurs sur la scène entrepreneuriale française. La structure, fondée par Alice Zagury, Oussama Ammar et Nicolas Colin, veut dynamiser l'écosystème français et créer un lieu dédié au rayonnement de la scène parisienne vers l'international. Leur crédo ? Former les champions de l'écosystème numérique français en espérant prendre « 1% du prochain Google ». Challenge accepted !

CAMPING

lecamping.org · *@lecamping*

Le Camping est un projet monté par l'association Silicon Sentier, cluster de startups en Ile-de-France. Installé au NUMA, le Camping accueille 12 startups centrées sur des projets web et logiciels pour un programme intensif de 6 mois. Le Camping bénéficie du soutien de la Région Ile-de-France, BNP Paribas, Google, l'Atelier BNP, SNCF, GL Events et le FSE ainsi que du soutien de nombreux mentors. L'avantage ? C'est gratuit.

L'ACCÉLÉRATEUR

laccelerateur.net · *@laccelerateur*

L'Accélérateur, co-dirigé par Michel de Guilhermier, Guillaume et Jonathan Lascar, reprend le modèle aussi simple qu'efficace du fameux Y Combinator de la Silicon Valley : des serial-entrepreneurs qui se consacrent exclusivement à aider les startups à haut potentiel qui ont été sélectionnées, en leur offrant leurs longues expériences en tant qu'entrepreneurs et une disponibilité quotidienne totale. Le tout dans le cadre d'un investissement et d'une petite prise de participation qui lient les intérêts des entreprises aux investisseurs. Un sacrifice qui peut s'avérer payant !

FOUNDER INSTITUTE

founderinstitute.fr • @founding

Le Founder Institute est une « école » de startups créée dans la Silicon Valley, à Palo Alto à la fin de 2008 par Adeo Ressi, serial-entrepreneurs américain qui avait préalablement créé un site d'évaluation des ventures capitalistes par les entrepreneurs appelé TheFunded.com. L'antenne française de ce réseau global de startups et de mentors aide les entrepreneurs à fonder leurs startups avec brio.

50 PARTNERS

50partners.fr • @50Partners

50 Partners est une solution d'accompagnement des jeunes entreprises innovantes qui offre les ressources et les compétences d'un réseau établi d'entrepreneurs et de dirigeants expérimentés. Après avoir soutenu le projet dans la définition de l'offre et la stratégie de développement, 50 Partners accompagne les projets en phase d'amorçage, vers une levée de fonds de l'ordre de 500 000 à 1 million d'euros.

NEXTSTARS

nextstars.fr/fr • @Nextstarsfr

Nextstars est une société spécialisée dans le lancement et le financement de startups innovantes. Chaque année, leur équipe et leurs mentors permettent l'émergence de plus de 20 projets portés par des entrepreneurs talentueux dans le cadre de leur programme de recherche et d'accélération. Ce programme permet le suivi du développement des entreprises, le tout encadré par des professionnels.

MICROSOFT VENTURES

microsoftventures.com/paris
@Bizsparkfr

Dans la continuité du programme BizSpark, des experts Microsoft peuvent dispenser des formations exclusives pour accompagner dans la réflexion, le développement et la monétisation des projets d'app Windows 8. Spark veut être le point de rassemblement des 1.300 startups françaises qui font partie du programme Microsoft BizSpark.

NOTES DU LECTEUR

© SHUTTERSTOCK - ANSHAR

INCUBATEUR DE LA BELLE DE MAI

belledemai.org · *@incubateur_BdM*

L'Incubateur Belle de Mai est un incubateur d'entreprises innovantes liées à la recherche publique. Il accompagne des projets de créations d'entreprises innovantes uniquement dans le domaine des Technologies de l'Information et de la Communication (TIC) et leurs usages. Installé à Marseille, sur le Pôle Médias Belle de Mai, l'Incubateur Belle de Mai est un dispositif national. Il accueille et accompagne des projets sur toute la France.

MARSEILLE INNOVATION

Marseille Innovation contribue à la création et au développement d'entreprises innovantes sur plusieurs sites d'implantation : l'Hôtel Technologique sur le Technopôle Marseille Provence, l'Hôtel Technoptic et le pôle média Belle de Mai, pépinière destinée à accueillir des créateurs d'entreprises dont le projet est centrée sur l'Audiovisuel, le Multimédia et la Culture.

AJEL
ajel-lyon.org · @_TheFamily

L'association des jeunes entrepreneurs lyonnais a été créée en 2003, regroupe environ 45 membres et se définit comme un accompagnant des pré-créateurs d'entreprises. Elle a pour objectif de faire avancer l'entrepreneur vers la réalisation de son projet ainsi que de rompre l'isolement souvent connu des créateurs.

BOOSTINLYON
boostinlyon.fr · @boostinlyon

Cette association à but non lucratif vise à maximiser les chances de réussite des startups locales. Son concept s'articule autour de 3 missions : rompre la solitude des entrepreneurs, entourer les startups de mentors expérimentés, proposer un accompagnement sur-mesure aux startups. Chaque année, une dizaine de projets rejoignent ce lanceur de startups afin d'accélérer l'atteinte de certains objectifs.

CREALYS
crealys.com · @IncubateurLyon

Association à but non lucratif, cet incubateur d'entreprises innovantes a pour objet de favoriser le développement de startups technologiques à fort potentiel de croissance et de création d'emplois dans la région Rhône-Alpes en contact direct ou proche avec la recherche publique. L'équipe de Crealys t'accompagne pour faire grandir ton projet technologique en t'offrant conseil, financement, formation et hébergement.

BIEN SUR,
IL N'Y A PAS
QUE
PARIS, MARSEILLE
ET LYON, BIEN SUR
LA FRANCE EST GRANDE,
SI VOUS AVEZ
DES ADRESSES
CONTACTEZ NOUS
VIA NOTRE SITE :
STARTUPBACKPACK.CO

LES ÉCOLES OU UNIVERSITÉS

LES ÉCOLES DE SUPER INGÉNIEUX

EPITECH / EPITA

Les 2 écoles appartiennent au groupe IONIS et proposent des cursus en 5 ans. Epitech est plutôt destinée à des étudiants qui se dirigent vers des métiers très techniques, idéal pour devenir CTO tandis qu'à Epita les étudiants sont à la fois formés à la technique et la gestion de projet, idéal pour être chef de projet web. • *www.epitech.eu*

SUPINFO

Supinfo forme des ingénieurs en informatique et propose dans le même temps des formations au management dans l'optique de former des cadres dans le secteur informatique, des personnes qui seront amenées à devenir CTO ou chef de projet web. • *www.supinfo.com*

UNIVERSITÉ TECHNOLOGIQUE DE COMPIÈGNE

Contrairement aux autres écoles, l'UTC est l'une des seules formations publiques et donc gratuites formant des ingénieurs informatiques. Elle propose de nombreuses formations et partenariats avec d'autres universités françaises. • *www.utc.fr*

LES ÉCOLES DU WEB

HETIC

Fondée en 2002, l'école des Hautes Etudes des Technologies de l'Information et de la Communication (HETIC) veut former des experts managers du web. Une école dédiée à l'économie numérique qui forme aussi bien des experts en design interactif, réseaux sociaux, web analytics, e-marketing, internet mobile... L'école – qui se classe parmi les premières de France dans son domaine – veut également accompagner ses étudiants et ses programmes selon les dernières innovations et modifie donc continuellement son offre de cursus. • *www.hetic.net*

IIM

L'institut de l'Internet et du Multimédia (IIM), ex Pôle Universitaire Léonard de Vinci (PULV), a été fondé à l'initiative du Conseil Général des Hauts-de-Seine pour former ses étudiants aux métiers du numérique. Implanté dans le quartier de la Défense depuis sa création en 1995, l'IIM se spécialise sur les cursus digitaux que ce soit via son Mastère « Manager de la Communication Numérique » ou son Mastère « Réalisateur Numérique ». · *www.iim.fr*

EEMI

L'Ecole Européenne des Métiers de l'Internet (EEMI) a été lancée en septembre 2011 par Jacques-Antoine Granjon (fondateur de vente-privee.com), Marc Simoncini (fondateur de Meetic) et Xavier Niel (que l'on retrouve également dans l'école 42). Elle forme en 3 ans ses étudiants aux métiers du numérique en passant par un tronc commun mixant enseignement technique et enseignement général. · *www.eemi.com*

42

L'école « 42 » est un établissement fondé par plusieurs figures du web et de l'enseignement dont font partie Xavier Niel (fondateur de Free), Nicolas Sadirac (ancien directeur général d'Epitech), etc. Elle ouvre ses portes en novembre 2013, ne délivre pas de diplôme reconnu par l'Etat et les inscriptions sont gratuites. La formation veut se focaliser sur les compétences pratiques des étudiants et repose principalement sur des réalisations professionnelles. · *www.42.fr*

«

APPRENDRE SANS RÉFLÉCHIR EST VAIN.

»

CONFUCIUS

LE TOP 5 DES ÉCOLES DE COMMERCE

ESCP : MS INNOVER ET ENTREPRENDRE

Le Mastère Spécialisé Innover et Entreprendre de l'ESCP Europe bénéficie du prestige d'une grande école de commerce française. Les candidats doivent être diplômés d'un grade Mastère (Bac +5) pour intégrer la formation ou d'un Mastère 1 et de trois années d'expérience professionnelle. La date de dépôt des dossiers est généralement autour du 25 juin. S'en suivent des épreuves écrites de culture générale et d'anglais d'une demi-heure chacune si les candidats n'ont pas de scores à un examen d'anglais type GMAT de moins de deux ans. La formation dure une année.

GRENOBLE ECOLE DE MANAGEMENT

Le Mastère Spécialisé Entrepreneurs de Grenoble Ecole de Management (GEM) offre un programme de 15 mois pour former ses étudiants à devenir des entrepreneurs. L'inscription se fait à partir du Bac +5 et vise les étudiants qui veulent créer ou reprendre une entreprise autant que se diriger vers le management, l'audit et le conseil. Un Mastère alliant pédagogie et action puisqu'il repose sur des actions pratiques (comme monter son entreprise durant son cursus) auprès de professionnels et sur un corps professoral composé à 80% de professionnels.

ESSEC/CENTRALE PARIS : MS CENTRALE-ESSEC ENTREPRENEURS

Ciblant précisément les entrepreneurs en herbe, cette formation peut compter sur le réseau de deux grandes écoles de renom, l'ESSEC et Centrale Paris. Autre avantage : elle est réalisée au cours d'une année d'alternance, limitant donc son coût pour les étudiants, rémunérés en fonction des sociétés qui les accueillent. Il faut généralement détenir un Master 1 pour candidater. Les inscriptions sont ouvertes et sont suivies de quatre sessions d'inscriptions réparties entre novembre et avril, dont deux pour les candidats étrangers.

EM LYON : MS ENTREPRENDRE

L'EM Lyon a également un dispositif assez poussé sur l'entrepreneuriat avec un programme dédié, un Mastère Spécialisé Entreprendre et sa participation au Global Entrepreneurship Program (parcours commun à 3 universités internationales). Son Mastère Spécialisé veut permettre à ses étudiants de développer une approche globale des affaires et s'appuie sur les connaissances acquises grâce à l'incubateur de l'école. Un Mastère qui se complète par un module « Entrepreneuriat » à Shanghai.

HEC : MS ENTREPRENEURS

HEC-Entrepreneurs a une pédagogie qui ne cesse d'évoluer d'année en année. Désormais, quatre missions de cinq semaines structurent le cursus et sont enrichies de huit séminaires qui offrent à l'étudiant de multiples expériences comportementales et professionnelles. Une «learning expedition» dans la Silicon Valley clos ce parcours initiatique.
Chaque promotion est composée de 96 étudiants dont 40% issus du programme Grande Ecole HEC, 25% des grandes écoles d'ingénieurs et 15% de formations juridiques, scientifiques ou de sciences humaines.

«

IF YOU THINK EDUCATION IS EXPENSIVE, TRY IGNORANCE !

»

DEREK BOK

LES STARTUPS QUI AIDENT À FORMER LES ENTREPRENEURS

DES STARTUPS QUI AIDENT LES STARTUPS ET LES ENTREPRENEURS ? ON NE PEUT QUE LES REMERCIER D'EXISTER. ET PROFITER DE LEURS SERVICES.

HELLO MENTOR

hellomentor.co · *@HelloMentor*

Hello Mentor est un site de mise en relation entre mentors et élèves en non présentiel utilisant Google Hangouts. Le mentor crée sa classe sur la plateforme, indique son prix et ouvre sa classe virtuelle aux élèves intéressés qui peuvent alors recommander – ou non – le professeur.

GÉNÉRAL ASSEMBLY

generalassemb.ly · *@GA*

Général Assembly propose des cours, des workshops, des master classes et des évènements gérés par les plus grands experts en matière de design, de création d'entreprise et de programmation à travers 8 campus répartis dans le monde. Pas encore de campus en France mais on en trouve deux en Europe à Londres et Berlin.

NOTES DU LECTEUR

APPRENDRE À BOUFFER DU CODE

< BON, ON LE SENT BIEN, AVOIR UN SITE DÉJÀ TOUT PRÊT NE TE SUFFIT PLUS, TU AS UN PEU ENVIE DE TE FORMER AUX NOUVELLES TECHNIQUES, DEVENIR UN CADOR DU WEB. CODE, GRAPHISME, WEBDESIGN, VOILÀ TOUT DE MÊME LE TRIPTYQUE RÊVÉ POUR LES ENTREPRENEURS DU WEB. AVEC CES QUELQUES SITES TU PEUX EN PRENDRE PLEIN LES YEUX, SUIVRE DES COURS GRATUITEMENT ET DEVENIR UN CHAMPION ! / >

< DÉVELOPPEMENT / PROGRAMMATION />

VOICI TOUTE UNE PANOPLIE DE SITES INTERNET POUR QUE TU APPRENNES À CODER TOUT SEUL ET QUE TU DEVIENNES, AVEC UN PEU DE TRAVAIL, UN CODEUR D'EXCEPTION.

OPEN CLASS ROOMS *fr.openclassrooms.com • @OpenClassrooms*

Open Class Rooms, c'est un peu la référence pour apprendre à coder. Le site communautaire propose de nombreux tutoriels qui te permettent de te familiariser avec une grande variété de langages : HTML, CSS, JavaScript, MySQL, etc. Les langages sont rangés dans une galaxie thématique (« Monter son ordinateur », « Réseaux », « Application Mobile », etc.) que tu peux parcourir tel un Jedi venu rétablir l'ordre dans la République.

TECH CRUNCH UNIVERSITY

TechCrunch university propose des cours sur internet principalement dans le domaine du développement web et de l'entrepreneuriat. Les cours sont dispensés par des experts tels que Dave McClure ou Eric Ries et sont sous forme de vidéos et d'articles disponibles dès ton paiement de la somme demandée. Il t'est possible de voir le nombre de participants à chaque cours, et les commentaires des personnes ayant déjà suivi le cours.

CODE.ORG *code.org • @codeorg*

Code est une plateforme collaborative sur laquelle il t'est possible d'apprendre le code grâce à de nombreux tuteurs venus partager leur expérience. Le site référence également les cours de codes qui sont proposés au plus près de chez toi. Si tu n'as pas forcément le temps de prendre un cours, tu peux apprendre le code de manière interactive en suivant les instructions d'un petit programme plutôt sympathique.

CODECADEMY *www.codecademy.com • @codecademy*

Code Academy est un site de mise en relation entre mentors et élèves en non présentiel synchrone utilisant Google Hangouts. Le mentor crée sa classe sur la plateforme, indique son prix et ouvre sa classe virtuelle aux élèves intéressés qui peuvent alors recommander – ou non – le professeur.

TUTS PLUS *www.tutsplus.com • @tutsplus*

Tuts+ est un site très complet qui propose de nombreux cours pour apprendre à maîtriser du code, mais également du webdesign ou de la photographie. Chaque cours répond à une thématique précise, et tout est expliqué en détail. Pour profiter de l'intégralité des cours, il faut toutefois t'inscrire à la version Premium.

HTML.NET *www.html.net*

Html.net est un site internet qui recense de nombreux tutoriels gratuits pour apprendre les langages HMTL, CSS, PHP et JavaScript. De quoi construire tes propres sites en un rien de temps !

< SE FORMER AVEC DES PROS />

SI TU AS DU MAL À TE PLONGER TOUT SEUL DANS LES LIGNES DE CODE, IL EXISTE DES PROS PRÊTS À PARTAGER LEUR SAVOIR AVEC TOI.

HUMAN CODERS *humancoders.com • @humancoders*

Les Human Coders sont, comme leur nom l'indique, des codeurs bien réels qui veulent accompagner les codeurs et leur permettent de travailler « avec plaisir ». Quatre services sont ainsi proposés aux codeurs, Human Coders News, pour qu'ils se tiennent au courant des dernières infos du milieu, Human Coders Formations et Jobs, pour qu'ils restent à la pointe et trouvent un job idéal, et Human Talks, qui vise à faire se rencontrer et partager entre eux les codeurs de toute la France.

LE WAGON *www.lewagon.org • @wagonners*

Le Wagon est une école de code qui permet aux débutants de se former et aux confirmés de se perfectionner. Une carte des cours est disponible sur le site et te permet de choisir ta formation selon tes besoins et tes envies, tandis que deux programmes de formation te sont proposés pour apprendre le code en un temps record : « l'express », une formation de deux semaines pour créer le prototype de ton site et « la 1ère classe », un programme intensif de 2 mois pour devenir développeur et trouver un travail (carrément !).

< WEBDESIGN />

IL EST NORMAL DE VOULOIR DE JOLIS GRAPHISMES ET UN JOLI DESIGN POUR TES SUPPORTS DE COMMUNICATION. SI TU AS UNE IDÉE PRÉCISE DE CE QUE TU CHERCHES, POURQUOI NE PAS ESSAYER DE CRÉER TON WEBDESIGN TOI-MÊME ?

ALSACREATIONS *alsacreations.com • @alsacreations*

Alsacreations (à ne pas confondre avec les préparations culinaires) est une communauté dédiée à la conception web, du code au webdesign. Sur Alsacreations il t'est possible d'apprendre le webdesign grâce à des tutoriels abordant des thèmes précis. Tu trouves également de nombreux outils et astuces pour booster ta créativité.

WONKA STUDIO *wks.fr • @WonkiaStudio*

WonkaStudio est un site entièrement dédié à Photoshop sur lequel tu trouves de nombreux tutoriels pour apprendre à maîtriser le logiciel de référence en matière de création graphique. Un onglet « Inspiration Design » permet de t'inspirer des plus jolies créations design du web trouvées par le studio.

TUTO.COM *tuto.com • @tutocom*

Tuto.com regroupe des milliers de tutoriels pour devenir un designer hors pair. Ici, plus de 30000 tutoriels sont disponibles pour plus de 230 logiciels et langages informatiques, de quoi te donner le tournis. Et si la plupart sont payants, de nombreux tutoriels restent accessibles gratuitement.

LIVINGTUTS *livingtuts.fr • @Linvingtuts_fr*

Des tutoriels pour apprendre à maîtriser Photoshop, pour réaliser des templates de site de e-commerce, pour maîtriser les langages usuels, et bien d'autres choses encore, voilà ce que te propose Livingtuts. Des tutoriels de qualité pour apprendre facilement.

< MOTION DESIGN - EFFETS VIDÉOS />

MATTRUNKS *www.mattrunks.com • @mattrunks*

Mattrunks est un site plutôt plaisant visuellement consacré à la maîtrise d'AfterEffects, le logiciel Adobe pour la réalisation d'effets vidéo, et du Motion Design, c'est à dire du Design graphique vidéo. Sur ce site, de nombreux tutoriels te permettent de te familiariser avec les outils de design vidéo. Pour les débutants, une formation en 9 vidéos permet d'apprendre les bases d'AfterEffects. Plus aucunes excuses pour ne pas t'essayer à la vidéo !

VIDEOCOPILOT *www.videocopilot.com • @videocopilot*

Si tu as pris goût au Motion Design et à la vidéo et que tu es en panne d'inspiration, tu trouves sur Videocopilot des milliers de tutoriels pour réaliser des effets de texte, d'explosion ou de fumée à rajouter dans tes présentations vidéo. Tous les tutoriels sont gratuits et visionnables en HD.

7

TU GAGNERAS

LES CONCOURS SONT DES MOMENTS INCONTOURNABLES DANS TA VIE D'ENTREPRENEUR : RETOURS UTILISATEURS, AUGMENTATION DE LA VISIBILITÉ, JUGEMENT DE PROFESSIONNELS SUR TON PROJET... LES AVANTAGES SONT MULTIPLES ET LES CONCOURS NOMBREUX, NOUS AVONS SÉLECTIONNÉ ICI LES INCONTOURNABLES !

★ BE A WINNER ★

Médaille en chocolat
(à manger compulsivement)

Trophée de chasse
(aux contrats)

Prix Goncourt
pour ton pdf "Une idée brillante"

Première Dauphine
Election de Miss Start-Up

Prix Nobel de l'innovation
pour ton traité
"1001 positions pour
travailler sur un canapé"

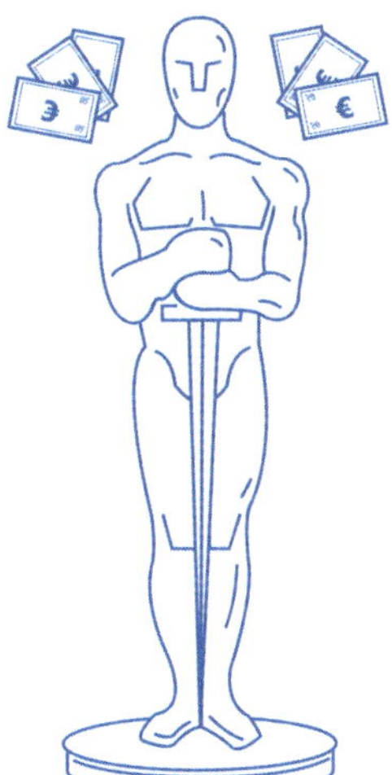

Oscar du meilleur premier rôle
pour le film "Non, monsieur le banquier,
je ne suis pas fauché"

Ordre National du Mérite
de la Persévérance

Médaille Olympique
de l'enchaînement quotidien
de rendez-vous

Trophée de la Nuit Blanche
(prix non-culturel)

Guinness des records
du nombre de likes
sur ta page Facebook

Ceinture noire
de la confiance en soi

Légion d'Honneur
de la concurrence loyale

CONCOURS & SALONS WEB

TON PROJET EST BRILLANT? CERTAINEMENT, PUISQUE TU TE LANCES. ALORS AUTANT FAIRE PARTAGER TON IDÉE AU PLUS GRAND NOMBRE.

NOTES DU LECTEUR

STARTUP COMPETITION DE LEWEB

leweb.com · @leweb

Le Web s'est imposé comme un des évènements incontournables de la scène digitale internationale. Propulsé par Loïc et Géraldine Le Meur en 2004, le salon est l'occasion d'un concours de startups. Une opportunité pour les startups participantes de s'offrir une notoriété internationale et une renommée qui dépasse très largement nos frontières en gagnant la « Startup Competition » qui récompense la meilleure startup européenne ayant pitché durant le salon.

STARTUP CONTEST - WEB2DAY

web2day-nantes.org
@web2dayNantes

Le web2day de Nantes c'est l'un des évènements les plus importants de l'année pour tout ce qui touche au digital. Organisé par Atlantic 2.0, il rassemble sur deux jours, 80 speakers autour de conférences et débats sur le digital et ce devant plus de 1000 personnes. Durant l'événement, une compétition de startups est organisée donnant une visibilité importante aux 36 entreprises participantes

NETEXPLO

netexplo.org
@Netexplo

Observatoire indépendant créé en 2007 par Martine Bidegain et Thierry Happe, sous le haut patronage du Sénat, Netexplo cultive une démarche innovante et singulière pour étudier la société numérique en l'approchant par les nouveaux usages. À travers son réseau international, l'Observatoire Netexplo défriche le monde à la recherche des usages émergents les plus prometteurs, afin de les faire connaître aux décideurs de son réseau d'entreprises partenaires et adhérentes, aux médias et aux dirigeants politiques. Pas moins de 500 nouveaux usages sont identifiés chaque année pour nourrir le Palmarès Netexplo 100 édité par l'Observatoire depuis trois ans.

START IN PARIS

www.startinparis.com
@startinparis

Start In Paris est un évènement mensuel permettant à 5 startups de présenter leur service en 5mn à la communauté tech parisienne. Un jury sélectionne chaque mois une « short list » de 15 projets, puis la communauté vote pour les 5 projets qu'elle préfère. Les 5 finalistes présentent leur produit lors de Start In Paris en 5 min maximum. À la fin des démos le public vote pour le gagnant. Un évènement très sympa de la scène parisienne, à ne vraiment pas manquer ! L'événement s'est déployé à Lyon sous l'égide de Guilhem Bertholet (serial entrepreneur et créateur de l'incubateur HEC).

BFM ACADÉMIE

bfmtv.com/emission/bfm-academie
@bfmbusiness

La BFM Académie est un concours de créateurs d'entreprise à la radio et à la télévision. Les 64 candidats de la BFM Académie ont la trentaine en moyenne et un projet de création d'entreprise qu'ils viennent défendre à l'antenne de la chaine. Chaque semaine sur BFM Business, deux entrepreneurs présentent ainsi leur projet et ce sont ensuite les auditeurs de la chaîne qui élisent le vainqueur, jusqu'aux finalistes. L'initiative existe depuis 2006.

MASH UP : ÉTUDIANTS

mash-up.fr
@lemashup

Le Mash Up fait la promotion de l'entrepreneuriat fait par et pour les étudiants qui lancent un projet, mais aussi pour des startups à la recherche de jeunes talents. Des personnalités reconnues dans le monde de l'entrepreneuriat interviennent lors de ces évènements. Le Mash up regroupe différents profils (ingénieurs, commerciaux, développeurs et autres) pour échanger, trouver l'associé manquant ou le futur stagiaire qui va participer au développement d'un projet. Un Start In Paris pour étudiants en quelque sorte !

GPI PARIS

innovation-paris.com

Les Grands Prix de l'Innovation de la Ville de Paris ont pour vocation de soutenir le développement d'entreprises innovantes franciliennes dans des secteurs en forte croissance, et de récompenser celles qui vont, par leur innovation, améliorer la vie de la cité et développer le tissu économique parisien. La Ville de Paris a confié au Laboratoire Paris Région Innovation (PRIL), l'organisation de ces Grands Prix.

STARTUPCONTEST

startupcontest.fr
@ContestStartup

Startup Contest est un concours de business plan pour les micro-entreprises (0 à 20 salariés). Depuis 2010 et quatre éditions, le concours de business plan annonce près de 50000 visiteurs, plus de 4000 participants, environs 500 dossiers retenus et très exactement 40 lauréats sélectionnés par un jury de professionnels et de business angels. Les lauréats rejoignent gratuitement et à vie l'Incubateur, « l'accélérateur d'ambition ».

«

THE DIFFERENCE IN WINNING & LOSING IS MOST OFTEN, NOT QUITTING.

»

WALT DISNEY

PRIX MOOVJEE

moovjee.fr • @MoovJee

À l'occasion de leur 4ème édition, le MoovJee et Retis s'associent pour créer le Prix MoovJee – Innovons Ensemble, un nouveau prix national et généraliste avec une dotation qui s'élève à près de 150 000 euros. Le Prix MoovJee – Innovons Ensemble s'adresse aux jeunes et aux étudiants entrepreneurs de 18 à 26 ans. Ces deux concours ont su mobiliser des partenariats publics et privés importants. Ils ont également permis de lancer une dynamique de développement de l'esprit d'entreprendre et d'innovation auprès des jeunes et d'accompagner des projets d'entreprises créées par des jeunes.

—

TROPHÉE STARTUP NUMÉRIQUE

startup-numerique.fr
@TropheeStartup

Organisé par l'incubateur Télécom Sud-Paris Entrepreneurs, ce prix est l'un des plus importants concours d'innovation en France dans le secteur du digital. Il s'adresse aux créateurs d'entreprises innovantes du web, du mobile et de l'informatique qui ne font pas déjà partie d'un autre incubateur.

—

STARTUP WORLD

startupworld.com

Organisé par Thenextweb, la compétition se déroule dans 36 capitales à travers le monde. Les startups gagnantes de chaque pays partent à San Francisco pour pitcher lors de la grande finale. Une opportunité pour obtenir une très forte visibilité et rencontrer des investisseurs. La startup remportant la grande finale est incubée pendant 3 mois au sein de i/o Ventures.

UNE IDÉE + UN WEEK-END = UNE STARTUP

VOILÀ UNE MANIÈRE SIMPLE D'ALLIER PLAISIR ET PRODUCTIVITÉ : LES WEEK-ENDS STARTUP. SI TU ES PRÊT À TE DONNER À FOND LE TEMPS D'UN WEEK-END ET SI TU SOUHAITES FAIRE DE BELLES RENCONTRES, FAIS TON SAC ON T'EMMÈNE EN VOYAGE !

STARTUP WEEKEND

paris.startupweekend.org
@StartupWeekend

Un Startup Weekend c'est 54h pour créer une Startup à partir d'une idée. Développeurs, entrepreneurs, gourous du marketing, graphistes, artistes sont regroupés et enfermés pendant un week-end pour développer une idée de boite. L'événement est ouvert à tous ceux qui vivent dans l'état d'esprit Startup, vieux baroudeurs de la Silicon Valley comme étudiants imberbes. Les participants partent d'une idée qu'ils choisissent et qu'ils veulent transformer en projet de société. À chacun d'apporter ses compétences et sa passion afin de remplir ce challenge en un week-end (attention, c'est intense !).

BEMYAPP

fr.bemyapp.com • @BeMyAppFR

Les week-ends BeMyApp, organisés par BeMyApp France, ont un principe assez simple : développer son application mobile en 48h, que tu sois designer, développeur ou simplement porteur d'une idée d'application mobile. Tout commence par les pitchs, qui présentent les différentes idées à choisir pour le week-end. Vient ensuite la création d'une équipe qui se penche sur le projet jusqu'au dimanche soir, moment où les équipes vont présenter leur travail.

STARTUPBUS

startupbus.com • @TheStartupBus

Startupbus, c'est un startup week-end nomade et transnational regroupant six bus qui traverseront l'Europe. La mission : créer une startup en 72 heures seulement ! Le principe : les participants partent de Berlin et font la route en bus jusqu'à Paris. En chemin, ils s'arrêterent pour des workshops et des séances de networking avec des entrepreneurs et des investisseurs, qui n'hésitent pas à commenter les projets de chacun. Les gagnants du startup week-end accèdent directement à la finale de la compétition LeWeb.

8

TU T€ FINANCERA$

LA QUESTION DU FINANCEMENT
EST TOUJOURS CRUCIALE
QUAND ON ENTREPREND. UNE FOIS QUE
L'ENTREPRENEUR A VIDÉ SES RESSOURCES
PERSONNELLES, L'ARGENT DES AUTRES
EST LE BIENVENU. FAIRE LES CHOSES
SIMPLEMENT ET SANS ARGENT
NE DURE QU'UN TEMPS. MAIS QUI SONT
LES ACTEURS QUI PEUVENT SOULAGER
TA TRÉSORERIE ?

Proffesseur Koubani
facilités de paiement · pas de fausses promesses
GRAND VOYANT
medium banquier
Envouté - Ensorcelé - La pauvreté vous poursuit ?
Votre problème est gr ave ? Désespéré ? Urgent ? CONTACTEZ
Aux don héréditaire de père en fils !
Il est capable de transformer votre vie dans le bon sens.
Spécialiste du retour rapide et définitif de l'argent dépensé.
Chance au jeux, héritages, désenvoutements des impôts, croissance de vos titres en bourse, fidélité de votre banquié, carte bleu démagnétisée, maladie financière inconnue, même cas désespérer, même railler de la Banque de France. Réussi la ou les autres ont échoué.
Travail efficasse et rapide. Ne rester pas dans l'angoisse du découvert. T ransformé les rêves en réalité, hésiter pas. CO TA TEZ-MOI.
Travail garanti dans la même semaine. Reçois tous les jours de 8h à 21h .
17, rue Rotchild, 92270 V ersaille.
Tram 118 arrêt RMI, 5 min à pied, entre Chanel et Monoprix.
Déplacement possible. T ravail aussi par correspondance. Discrétion assurée.
TEL : 08 36 65 65 65
X
LA ROUE
FRIDAY 13

PRÉPARER SON BUSINESS PLAN

CO-AUTEUR DE CET OUVRAGE, LA PETITE ETOILE VOUS PROPOSE DES OUTILS POUR TRAVAILLER VOTRE BUSINESS PLAN :

OUTILS GRATUITS

Un modèle Powerpoint de trame de business plan, un outil pour faire votre Teaser en ligne.

OUTILS PAYANTS

Des templates de business plan, un fichier Excel pour construire votre business plan financier, etc.

LETEASER.FR

Un nouvel outil qui vous permet de pitcher votre startup en une page web rapidement et gratuitement.

Et si tout ça ce ne suffit pas, venez nous voir pour du conseil ou pour de l'accompagnement personnalisé pour construire votre business plan.

LEBUSINESSPLAN.FR

LES AUTRES

LIVEPLAN.COM

MON-BUSINESS-PLAN.COM

PLAN2BIZ.COM

EBUSINESSPLAN.COM

BIZPLAN.COM

« AINSI FONT, FONT LES FONDS » : LE RENDEZ-VOUS POUR COMPRENDRE LES FONDS D'INVESTISSEMENT

Connaître les fonds d'investissement, c'est bien. Savoir ce qu'ils recherchent et comment s'adresser à eux, c'est mieux, beaucoup mieux. « Ainsi font, font les Fonds » est une série d'entretiens d'investisseurs réalisée par Margaux Derhy, fondatrice de la Petite Etoile et Eva Clerc, chargée d'affaires chez Serena Capital, en partenariat avec l'Entreprise et Maddyness, qui va te permettre de mieux les comprendre et donc d'augmenter tes chances de succès dans tes levées de fonds. Une levée, cela se prépare avec soin. Ces vidéos t'aident à affiner ton propos. Tu peux visionner les vidéos à cette adresse sur la chaîne Youtube de La Petite Etoile : *www.youtube.com/user/LeBusinessPlan*

FINANCEMENT PUBLIC

AVANT D'ALLER CHERCHER À TE FAIRE FINANCER PAR DES INVESTISSEURS PRIVÉS, N'OUBLIE PAS DE JETER UN COUP D'ŒIL AUX POSSIBILITÉS DE FINANCEMENT PUBLIC. VOICI DES PISTES POUR T'AIDER À TE REPÉRER.

L'AIDE À LA MATURATION DES PROJETS INNOVANTS (AIMA)

L'Aide à la Maturation des projets innovants mis en place avec la Région Île-de-France et la Banque Publique d'Investissement peut aller jusqu'à 30 000 euros. Elle a pour objectif de vérifier la faisabilité des projets innovants en phase initiale ou de consolider les projets innovants qu'ils soient individuels ou collectifs. Les PME éligibles doivent être basées en Île-de-France et être en bonne santé financière.

LE PRÊT POUR LA CRÉATION D'ENTREPRISE (PCE)

Le prêt pour la Création d'entreprise mis en place par la Banque Publique d'Investissement permet d'obtenir jusqu'à 7 000 euros et a pour objectif de financer la trésorerie de départ et les investissements immatériels, sans garantie de caution personnelle, mais à condition d'avoir un concours bancaire. Le taux de remboursement est identique à un prêt bancaire et son remboursement ne commence qu'à partir du 6ème mois. Il concerne toutes les entreprises en phase de création. · *pce.bpifrance.fr*

LE PRÊT D'HONNEUR INITIATIVE FRANCE

Le réseau Initiative France fédère l'ensemble des plateformes régionales, qui délivre un prêt personnel à taux zéro. Selon les plateformes du réseau, les montants et les conditions de remboursement diffèrent. · *initiative-france.fr*

PARIS INNOVATION AMORÇAGE (PIA)

Paris innovation Amorçage délivre un montant allant de 30 000 euros à 100 000 euros selon la phase commerciale de ton entreprise et la situation de tes fonds propres. Pour pouvoir en bénéficier il faut faire partie d'un programme d'accompagnement avalisé (pour PIA I), et justifier d'investissements en R&D pour obtenir le second volet de l'aide qui est cette fois un prêt (pour PIA II). Le remboursement se fait sans intérêt deux ans plus tard pour PIA II.

PARIS INITIATIVE ENTREPRISE (PIE)

Cette association propose aux entrepreneurs parisiens de financer leur création d'entreprise. Pour cela l'organisme propose plusieurs types d'aides. Elle concerne les TPE et accompagne une cinquantaine d'entreprises par an. Les projets doivent respecter trois critères : avoir une vocation sociale, développer une activité économique et créer ou consolider des emplois. Elle propose des prêts solidaires à des taux allant de 0 à 2%, des garanties bancaires, et une aide pour les jeunes créateurs de 2000 euros. · *paris-initiative.org*

LE STATUT DE JEUNE ENTREPRISE INNOVANTE (JEI)

Le statut de Jeune Entreprise Innovante confère aux PME qui ont moins de 8 ans différents avantages sociaux et fiscaux, à condition que les dépenses de R&D représentent aux moins 15 % de leurs charges. Ce statut permet notamment, une exonération d'impôt sur les sociétés pendant 2 ans, une exonération d'impôt sur les plus-values de cession de titres pour les associés de la JEI, et un allègement des cotisations sociales patronales sur les salaires versés au personnel participant à la recherche.

LE CRÉDIT D'IMPÔT RECHERCHE (CIR)

Le Crédit d'Impôt Recherche est à destination des entreprises qui paient l'impôt sur les sociétés et qui ont des caractéristiques proches de celles éligibles aux entreprises reconnues JEI. Ce crédit d'impôt permet aux entreprises payant l'impôt sur les sociétés de déduire le CIR de la somme due ou de toucher le montant du CIR.

Pour plus d'informations, l'observatoire des entreprises propose un moteur de recherche qui te permettra de trouver d'autres aides publiques, en plus des incontournables citées ci-dessus. Très pratique car il recense les aides dans toute la France, tu peux filtrer selon tes critères de recherche : *www.aides-entreprises.fr*

«

L'ARGENT EST UNE TROISIÈME MAIN.

»

PAUL-JEAN TOULET

BUSINESS ANGELS

LES BUSINESS ANGELS SONT DES PERSONNES QUI INVESTISSENT UNE PARTIE DE LEUR ÉPARGNE PERSONNELLE DANS DE JEUNES ENTREPRISES. PARFOIS REGROUPÉS EN ASSOCIATION, ILS ACCOMPAGNENT LES STARTUPS EN METTANT LEURS RÉSEAUX ET EXPÉRIENCES À DISPOSITION, EN PLUS DE L'APPORT FINANCIER. ILS APPORTENT GÉNÉRALEMENT ENTRE 10 K ET 500 K CONTRE UNE PARTIE DU CAPITAL.

FRANCE ANGELS

franceangels.org
@FranceAngels

La fédération française des réseaux de Business Angels Français compte 82 réseaux de Business Angels membres soit plus de 4 300 Business Angels individuels. Ils investissent un montant moyen de 40 millions d'euros dans environ 350 entreprises par an..

FEMMES BUSINESS ANGELS

femmesbusinessangels.org/fba

Unique en Europe, le réseau Femmes Business Angels promeut l'entrepreneuriat féminin. Femmes Business Angels est une association loi 1901 qui favorise le développement des entreprises innovantes en phase d'amorçage parmi ses 75 investisseuses. Femmes Business Angels organise des formations en six séances deux fois par an pour les femmes désireuses d'entreprendre. Le réseau des femmes business angels tout simplement !

INVESTESSOR

investessor.fr · *@investessor*

C'est le plus ancien réseau de business angels. Concentré sur la région parisienne, Investessor regroupe une communauté de 250 business angels. Le réseau a annoncé en mars 2013 le financement d'un nouveau véhicule d'investissement, Sibessor 2, pour un montant de 3 millions d'euros.

INVESTIR EN DIRECT

investirendirect.com

Une communauté de 150 entrepreneurs qui investissent spécifiquement dans des startups web. Ce réseau compte notamment Yatedo, Homeloc, ou encore Sushi.io dans son portefeuille. La communauté te propose aussi des événements, dont l'apéro "back to the sentier" une fois par mois et un voyage d'étude une fois par an à la découverte de l'entrepreneuriat dans un pays étranger.

VC OR NOT VC ?

PRINCIPAUX FONDS D'INVESTISSEMENTS D'AMORÇAGE

LES FONDS D'INVESTISSEMENTS D'AMORÇAGE SONT DES FONDS QUI INVESTISSENT DANS DES SOCIÉTÉS QUI RÉALISENT DÉJÀ UN CHIFFRE D'AFFAIRES CONSÉQUENT EN CONTREPARTIE D'UNE PRISE DE CAPITAL. LES TICKETS SONT GÉNÉRALEMENT COMPRIS ENTRE 250 K ET 1,5 MILLIONS D'EUROS BIEN QUE CES FONDS SOIENT, POUR CERTAINS ACTIFS, SUR DES DEALS PLUS IMPORTANTS POUVANT ALLER JUSQU'À 10 MILLIONS D'EUROS.

ELAIA PARTNERS

elaia.com · @Elaia_Partners

Le fonds a levé 45 millions d'euros en 2012 pour la création du fonds Elaia Alpha qui est dédié à l'investissement dans de jeunes entreprises de l'économie numérique avec des tickets à partir de 100 k€. Le fonds intervient aussi bien en investisseur principal qu'en co-investisseur. Il a notamment dans son portefeuille d'investissement Criteo, Allmyapps ou encore Scoop.it.

PARTECH VENTURES

partechventures.com
@partechventures

Installé à Paris, San Francisco et Berlin, le fonds investit en Europe et dans la Silicon Valley. Il a dans son portefeuille Scoop.it et lafourchette.com. Le fonds investit des tickets allant de 250 k à 1 million d'euros.

VENTECH

ventech.fr · @Ventech_VC

Être installé en France et en Chine lui permet d'accompagner le développement asiatique des sociétés qu'il a en portefeuille. Le fonds a lancé son 4ème fonds de 100 millions d'€ en septembre 2012 qui est principalement investit dans l'économie numérique. Le fonds a notamment en portefeuille Viadeo, Pure People, ou encore Wengo.

5M VENTURES

5m-ventures.com · @5Mventures

Un fonds d'investissement particulier puisqu'à la place d'investir de l'argent directement, il propose un plan média en échange d'une prise de participation. C'est ce que l'on appelle le "media for equity".

ALVEN CAPITAL

alvencapital.com · @alvencap

Un fonds qui investit principalement dans des startups web et logiciel. Il investit dans 5 à 7 sociétés par an. Il a notamment dans son portefeuille Mailjet et Birchbox. Le fonds a annoncé en mars 2013 le closing de son fonds Alven 4 qui a recueilli 120 millions d'€.

FA DIÈSE

fadiese.fr

Un fonds particulier puisque des business angels siègent aussi à son comité d'investissement. Le fonds a une politique d'investissement minoritaire qui lui permet d'investir dans davantage de sociétés. Il a notamment dans son portefeuille Novapost, Carré de bœuf ou encore SoCloz.

IDINVEST

idinvest.com · @idinvest

Un fonds qui investit dans différents secteurs mais aussi dans le numérique. Le fonds a en portefeuille Meetic, Viadeo, Sarenza ou encore Leetchi. En amorçage il investit des tickets à partir de 300 à 400 k€.

SEVENTURE PARTNERS

seventure.fr

Un fonds qui investit principalement dans le numérique et dans la santé. Le fonds a notamment pris des parts dans Parrot, Easyvoyage.com ou encore Vistaprint.

A PLUS FINANCE

aplusfinance.com

Un fonds investissant également dans le numérique, les greentechs, mais aussi dans le cinéma. Le fonds a en portefeuille des startups comme Spartoo, Voisineo ou encore YellowKorner.

IRIS CAPITAL

iriscapital.com · @Iris_Capital

Ce fonds d'investissement européen se consacre aux startups du monde digital : media digital, services Internet et mo

NOTES DU LECTEUR

NOTES DU LECTEUR

biles, solutions cloud, etc. Fondé en 1986, ce fonds a investi plus de 850 millions d'euros dans plus de 200 entreprises.

NEWFUND

newfund.fr
@Newfund

Pour une enveloppe totale de 72 millions d'euros, Newfund souhaite financer tous types d'activités entrepreneuriales.

XANGE PRIVATE EQUITY

xange.fr
@XAngeVC

Filière de la Banque Postale, XAnge accompagne les startups et les PME à fort potentiel de croissance, et gère ainsi près de 360 millions d'euros répartis entre les secteurs de l'industrie, de l'internet, et dans les entreprises innovantes multisectorielles.

SIGMA GESTION

sigmagestion.com

Sigma Gestion, créé en 1993, investit dans les PME françaises, à différents stades de maturité, dans l'économie traditionnelle ou dans les nouvelles technologies. Le fonds s'intéresse principalement aux projets matures, présentant un chiffre d'affaires compris entre 3 et 30 millions d'euros et se situant sur un marché en croissance.

CAPHORN INVEST

caphorninvest.fr · @CapHornInvest

CapHorn Invest se dédie aux PME en se concentrant sur leur développement commercial, autour de thématiques telles que les nouveaux modes de consommation et d'usage ou les outils nécessaires à un mode de vie mobile. Chaque investisseur intervient également comme mentor pour conseiller l'entreprise dans son développement.

ORKOS CAPITAL

orkoscapital.com · @Orkoscapital

ORKOS Capital est un fonds créé en 2006 qui investit dans le secteur des nouvelles technologies de l'information. 400 millions d'euros ont déjà été injectés dans de nombreuses entreprises, que ce soit des TPE, PME autant que dans des grands groupes.

QUALIUM INVESTISSEMENT

qualium-investissement.com

Anciennement CDC Capital Investissement, Qualium Investissement, filiale de la Caisse des Dépôts, est un fonds d'investissement en fonds propres dans des opérations majoritaires. Elle gère 1,5 milliards d'euros qu'elle investit dans des PME à fort potentiel de développement. En plus de 10 ans, une cinquantaine de PME ont ainsi bénéficié de son financement.

FONDS D'INVESTISSEMENTS D'ENTREPRENEURS

LES FONDS D'ENTREPRENEURS SONT PLUS RÉCENTS, CE SONT LES FONDS D'INVESTISSEMENT DES RÉUSSITES FRANÇAISES DU WEB. CES ENTREPRENEURS QUI ONT RÉUSSI LEUR EXPÉRIENCE ENTREPRENEURIALE DÉCIDENT AUJOURD'HUI D'INVESTIR LEUR CAPITAL À TRAVERS LEURS FONDS. IL ARRIVE QUE SUR CERTAINS DOSSIERS CES TROIS FONDS INVESTISSENT EN CO-INVESTISSEMENT.

KIMA VENTURES

www.kimaventures.com
@kimaventures

Créé par Xavier Niel et Jérémie Berrebi, ce fonds investit dans une startup par semaine dans le monde entier avec des tickets allant de 100 à 500 k€. Le fonds a des participations dans Leetchi, La Ruche qui Dit Oui ou encore 2HeureAvant.

ISAI

isai.fr · *@isai_fr*

Créé par plusieurs entrepreneurs du web dont Pierre Koscuisko-Morizet, Geoffroy Roux de Bezieux, Stephane Treppoz, Isai dispose notamment du fonds Isai Developpement qui investit en post-amorçage des montants allant de 500 k€ à 1,5 millions d'€. Un autre fonds, Isai Expansion, est un fonds de capital développement qui investit de 1 à 5 millions d'euros dans des entreprises internet rentables. Le fonds a notamment dans son portefeuille Blablacar, Shopmium ou encore Commerce Guys.

JAÏNA CAPITAL

jaina.fr · *@jainacapital*

Créé par Marc Simoncini, ce fonds investit en amorçage principalement mais aussi en capital développement. Les premiers tickets commencent à quelques centaines de milliers d'euros. Le fonds a notamment dans son portefeuille AppsFire, Lentillesmoinscheres.com ou encore Little Fashion Gallery.

9

TU RECRUTERAS

NOUS Y VOICI : L'ÉQUIPE.
BIEN CHOISIR TES COLLABORATEURS
EST ESSENTIEL, CAR C'EST AVEC EUX
QUE TU FAIS AVANCER TON PROJET.
SUJET Ô COMBIEN ÉPINEUX,
IL EST PRÉFÉRABLE DE BIEN RÉFLÉCHIR
AVANT DE TE LANCER. POUR TROUVER
LA PERLE RARE, ENCORE FAUT-IL FOUILLER
L'OCÉAN, PUIS SE FIER À TON INTUITION.

C'EST LUI QU'IL VOUS FAUT !

LES INDISPENSABLES DU STAGIAIRE IDÉAL

collectionne les diplômes

parle au minimum 3 langues, dont impérativement l'anglais, le chinois et le klingon

a effectué une formation de barista

a effectué un stage de 3 mois en imprimerie,maîtrise parfaite de la photocopie

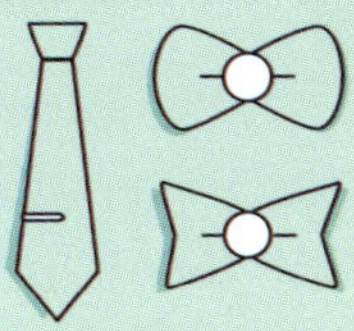

apparence soignée

maîtrise totale de logiciels à la pointe

volontaire et désireux d'apprendre, ne demande pas de rémunération excessive (voire pas du tout)

détenteur du record mondial de rapidité de décrochage au téléphone

un peu informaticien, peut réparer en un tour de main MAC et PC

SITES DE RECRUTEMENT

RECRUTER LORSQUE L'ON CRÉÉ UNE ENTREPRISE EST DÉLICAT : IL TE FAUT TROUVER LES PROFILS ADAPTÉS ET MOTIVÉS POUR TRAVAILLER EN STARTUPS, POUR CELA DES SITES DE RECRUTEMENT SONT LÀ POUR T'AIDER !

AZERTYJOBS

azertyjobs.com · @azertyjobs

Rattaché au media des startups françaises, AzertyJobs te permet de diffuser tes offres directement aux lecteurs de Maddyness, une belle force de frappe pour maximiser tes candidatures. Le site est en lancement et donc gratuit, profites-en !

STARTUP4ME

startup4me.com/fr · @Startup4Me

Startup4me te permet de poster ton annonce de recherche et de la faire apparaître clairement. Idéal pour recruter un talent pour ta startup, que ce soit en France ou à l'international !

REMIXJOBS

remixjobs.com · @remixjobs

Plus de 30 000 CV en ligne pour trouver le profil qui convient à ta startup. Le site propose un tarif préférentiel aux sociétés de moins de 3 ans.

MOBS

mobs.fr

Mobs est un site de recrutement spécialisé pour le secteur du mobile. Ce site te permet, si tu es un expert des technologies mobiles, de trouver la personne qu'il te faut.

RECRUTEO

recruteo.com · @recruteo

Un site qui recense tout type d'offres d'emplois dans le web, pratique car tu peux chercher les offres d'emplois en fonction de leur situation géographique.

EMPLOI.FRENCHWEB.FR

emploi.frenchweb.fr · @frenchweb

Sur emploi.frenchweb.fr, Frenchweb référence toutes les offres d'emploi d'internet, de la communication et des médias. Voici un moyen de trouver chaussure à ton pied.

AGENCES DE RECRUTEMENT

RECRUTER LE PROFIL PARFAIT POUR TA STARTUP EST UN EXERCICE DIFFICILE. DES AGENCES DE RECRUTEMENT EXISTENT ET SONT LÀ POUR T'ACCOMPAGNER DANS TON PROCESSUS DE RECRUTEMENT AFIN DE TROUVER LE DÉVELOPPEUR OU LE DESIGNER QU'IL TE FAUT.

URBAN LINKER

urbanlinker.com
@Jon_UrbanLinker

Le spécialiste du recrutement web qui t'aide à trouver la perle rare. Avec une excellente connaissance de l'univers des startups, Urban Linker sait comment séduire les meilleurs geeks et les amener à venir travailler pour toi !

SMALL IZ BEAUTIFUL

smallizbeautiful.fr
@smallizb

Une agence de recrutement pour les PME qui t'aide à trouver les profils qui correspondent à tes attentes quelque soit ton secteur d'activité.

AJSTAGE.COM

ajstage.com
@AJSTAGE

Un employé ça coûte cher. Pour cela AJstage t'aide dans ta recherche afin de trouver le stagiaire qui sait répondre à tes besoins. Soumets ton offre et AJstage te propose une sélection de candidats présélectionnés et engagés dans le processus de recrutement.

ÉVÈNEMENTS DE RECRUTEMENT

POUR TROUVER CE QUE TU CHERCHES, TU PEUX ÉGALEMENT TE RENDRE AUX DIFFÉRENTS ÉVÉNEMENTS DE RECRUTEMENT ORGANISÉS TOUT AU LONG DE L'ANNÉE.

REJOIGNEZ UNE STARTUP

rejoignezunestartup.com

Organisé par des entrepreneurs pour des entrepreneurs, l'événement a pour objectif de connecter les ingénieurs, développeurs et designers avec les startups. En 2012, l'événement a proposé 250 postes, et 56 CDI ont pu être signés. De belles startups étaient présentes, notamment BlaBlacar ou AllMyApps.

LE MARCHÉ DU TAF (FUTUR EN SEINE)

futur-en-seine.fr

Le marché du TAF (Travailler, Apprendre, se Former) de Futur en Seine, ce sont deux journées dédiées à l'emploi et à la formation dans le numérique. Organisé par Cap Digital, l'événement présente le marché de l'emploi dans le numérique

NOTES DU LECTEUR

« LA VITESSE DU PATRON EST CELLE DE L'ÉQUIPE. »

LEE LACOCCA

et propose des formations autour de la recherche d'emploi dans ce secteur.

MOTIVER LES TROUPES

VOILÀ, MAINTENANT TON BUREAU AU COMPLET. TA FINE ÉQUIPE EST PRÊTE À FAIRE DES ÉTINCELLES. UN GRAND BRAVO ! MAIS UNE QUESTION S'IMPOSE ALORS À TOI : COMMENT MOTIVER CETTE MAGNIFIQUE CLIQUE QUE FORMENT TES NOUVELLES RECRUES ? LÀ ENCORE, ON A UNE SOLUTION.

INCENTEEV

incenteev.com/fr
@Incenteev

Une application pour créer des challenges afin de motiver tes équipes ! Facile à organiser et à gérer elle te permet d'organiser des challenges commerciaux tout en boostant l'efficacité de tes employés !

CARD.BIZ

card.biz
@card_biz

Quoi de mieux pour motiver son équipe que de réaliser un bel organigramme pour montrer la troupe à tout le monde ? Card.biz te permet de réaliser gratuitement et simplement un organigramme présentant tous les jolis talents que tu es parvenu à dénicher.

10

TU TE REPOSERAS

VOILÀ UN COMMANDEMENT QUI N'EST PAS TRÈS DIFFICILE À SUIVRE. ENTRE NOUS, PRENDS LE TEMPS DE TE REPOSER, DE SORTIR AVEC DES AMIS, DE RENDRE VISITE À TES PROCHES ET À TA FAMILLE. CE SONT TES PREMIERS SOUTIENS, NE LES NÉGLIGE PAS ! FAIS DU SPORT POUR SORTIR LA TÊTE DU GUIDON, AÈRE-TOI ET QUI SAIT, L'INSPIRATION ET LES MEILLEURS CONSEILS VIENDRONT PEUT-ÊTRE DE CES MOMENTS-LÀ. « UN ESPRIT SAIN DANS UN CORPS SAIN » N'EST PAS UNE DOCTRINE À PRENDRE À LA LÉGÈRE.

VOUS AVEZ DIT VACANCES ?

10 ERREURS SE SONT GLISSÉES
DANS CE PAYSAGE IDYLLIQUE.
SAUREZ-VOUS LES RETROUVER ?

SPORT ET BIEN-ÊTRE

SPORT PAS CHER

BIEN SÛR, TU PEUX ALLER COURIR DANS LE PARC D'À CÔTÉ. MAIS TU PEUX AUSSI T'ESSAYER À DES ACTIVITÉS SPORTIVES ORIGINALES ET ACCESSIBLES :

NEONESS

Plusieurs clubs à Paris, dont un à la Motte Picquet,
18 rue Juge, Paris 15e
01 80 48 02 88

Tu peux nous dire merci. On t'a trouvé un club de sport, avec matériel de cardio et de musculation, cours de Yoga, de Zumba, de Body Combat, de Body Balance et on en passe, le tout pour... 318€ par an ! Oui oui, 26,5€ par mois. Autant dire qu'à ce prix, on y retourne volontiers.

PISCINE ALFRED-NAKACHE

4-12 rue Dénoyez Paris 11e
01 58 53 57 80

Une piscine originale car traitée à l'ozone, ce qui améliorerait la flottaison et permet d'éviter les irritions liées au chlore. La piscine est plantée dans un décor épuré, fait de briques et baies vitrées.

LE SPORT AVEC BON PLAN PARTY *www.bon-plan-party.fr/loisirs-paris/sport*

Bon Plan Party, qui référence tous les bons plans en région parisienne, traite aussi des activités sportives et de loisir. Retrouve sur ce site des activités sportives gratuites à faire à Paris : cours de gymnastique suédoise, balade à vélo, balade en roller, séances de zumba, etc. Un moyen simple de faire du sport sans débourser un sou.

LE SITE DE LA MAIRIE DE PARIS *www.paris.fr/pratique/pratiquer-un-sport*

Le site de la Mairie de Paris, qui gère les infrastructures sportives publiques, regorge d'adresses et bons plans pour faire du sport pas cher à paris : piscines publiques, terrains de sport, activités gratuites, tout cela pour te bouger à Paris.

TE RUINER POUR FAIRE DU SPORT DE LUXE

PETITE SÉANCE DE DÉCOMPRESSION !

KLAY CLUB

4 Bis Rue Saint-Sauveur, Paris 2e
01 40 26 00 00

Non, non et non. 150€ par mois, ce n'est pas cher payé pour une salle avec des appareils derniers cris, les nouvelles activités calories killers, le top des coachs, quelques stars qui passent par-ci, par-là, un sauna, une piscine sous les voutes, des vestiaires ultra-confort, des serviettes moelleuses, un bar à jus, un restaurant hype, des soirées insolites, etc.

SWEAT BOXING

142 avenue Malakoff, Paris 16e
01 45 00 87 80

C'est la toute nouvelle salle de boxe créée entre autres par le champion Brahim Asloum. Quoi de mieux pour évacuer ton stress et libérer tes tensions que de frapper du poing ?! Ici, tu as le choix de pratiquer de la boxe anglaise, française, thaïlandaise, du karaté contact, etc. Il paraît que l'enseignement du Sweat Boxing permet « d'optimiser ton énergie et t'aide à gagner confiance ».

REEBOK CROSSFIT

31 avenue de l'Opéra, Paris 2ème
01 42 33 36 57

Ici, pas de fitness ni de musculation, mais plutôt du cardio, de la gym et des exercices de force, le tout pendant une heure en groupe coaché. On oublie les haltères que l'on troque volontiers pour des cordes, des barres ou des pneus et autres accessoires de garage, histoire de se sentir fort comme un bûcheron. Il te faut débourser 99€ pour 6h d'initiation, puis 450€ par trimestre (1440€ l'année).

SKI NAUTIQUE CLUB DE PARIS

1 allée du Bord-de-l'Eau,
Bois de Boulogne

Et pourquoi pas une petite initiation au ski nautique sur la Seine ? C'est au bois de Boulogne, et c'est 40€. Un avant-goût des vacances comme futur riche entrepreneur.

SPA VALMONT

228 rue de Rivoli Paris 1er
01 44 58 10 77

Le nouveau spa de l'Hôtel Meurice t'accueille pour une séance de détente bien méritée. Massages, hammam, sauna (mixte), modelages et autres soins relaxants sont au programme, le tout dans un cadre idyllique.

L'USINE OPÉRA

8 rue de la Michodière Paris 9e
01 42 66 30 30

Une salle de sport haut de gamme pour se détendre au milieu de tout le who's who parisien. L'endroit rêvé pour allier sport et networking (profites-en pour glisser quelques cartes au passage).

LES VÉLOS PARISIENS

3 rue de l'Abbé Grégoire Paris 6e
01 45 44 72 97

À côté du Bon Marché, une boutique chic pour rouler à Paris avec élégance. Une ribambelle de cycles qui te font tourner la tête.

LA MAISON POPINCOURT

16 rue de Verneuil Paris 7e
01 42 60 48 59

Récemment installée dans les locaux de Claude Berri, la Maison te propose des séances d'aquabiking de luxe pour lutter contre les kilos en trop ou encore un Iyashi Dôme, un sauna individuel japonais, pour éliminer les toxines et te donner un bon coup de fouet. Il paraît que Gilles Lellouche et Alexandra Lamy aiment s'y détendre.

TRINIYOGA

24 rue d'Enghien Paris 10e
06 03 53 08 42

Olivier Galfione te propose des séances d'ashtanga, un yoga basé sur la respiration profonde, le tonus et le renforcement musculaire. La séance de yoga est entre 15 et 20€.

L'ESPACE BIKRAM

5-7 rue Meissonier Paris 17e
01 78 76 67 67

L'espace réservé à cette nouvelle mode venu des pays anglo-saxons (encore) qu'est le yoga Brikam : dans une salle chaude et humide (où il ne fait pas moins de 40°), ton corps travaille pour éliminer graisses et toxines. Les cours, rassemblant des adeptes de tous niveaux, sont au tarif de 25€ l'heure.

© PHOTO DR

CYCLOPE BIKES

104 rue de la Folie-Méricourt Paris 11e
01 43 55 47 34

Voilà enfin une boutique de bécanes pour hommes ! Pionner du fixie en France, ce marchand te permet de personnaliser ton vélo sur mesure, mais tu peux également faire le choix de très bons modèles neufs (à partir de 500€) ou d'occasion (entre 200 et 400€).

TRIATHLON STORE

25 boulevard du Temple Paris 3e
09 80 34 50 85

Voilà de quoi ravir les héros des sentiers (non) battus. Le Triathlon Store dispose de tous les accessoires nécessaires pour t'adonner à cette course ultime qu'est le triathlon : chaussures de vélos, palmes et autres, voilà de quoi t'équiper pour le grand bain. Car oui, te dépasser, c'est aussi en dehors du boulot !

UN MASSAGE

QUOI DE MIEUX QU'UN PETIT MASSAGE POUR REMETTRE LES PENDULES À L'HEURE ?

NICKEL SPA (POUR LES HOMMES)

48, rue des Francs Bourgeois, Paris 3e
01 42 77 41 10

Un spa dédié aux hommes avec un large choix de soins et de formules. Particulièrement appréciables : le soin « bonne gueule » pour être au top lors de ta présentation auprès de tes clients, le soin « lendemain de fête » pour bluffer tes salariés ou le massage « poignées d'amour » pour ton autosatisfaction d'auto-entrepreneur !

L'ÉCHAPPÉE (POUR LES FEMMES)

64 rue de la Folie Méricourt, Paris 11e
01 58 30 12 50

Imagine : un massage ayurvédique ou shiatsu, après un détour aux bains et au hammam, puis un thé au bord de la piscine sous la verrière. Il y a même un cours d'initiation au massage si tu penses à une reconversion !

MUSIQUES & FILMS

MIEUX QUE LE BRUIT DE LA MER ET LE CHANT DU COQ À 6H DU MATIN

RIEN DE TEL POUR DÉCOMPRESSER QUE DE LA BONNE MUSIQUE DANS LES OREILLES.

LE TOURNEDISQUE

letournedisque.com
@letournedisque

Le site parfait pour découvrir de la musique, hébergé sur Soundcloud tu peux écouter en direct le morceau qui te plaît ! Que du bon son.

GROOVESHARK

grooveshark.com
@Grooveshark

Sur ce site tu peux écouter en ligne n'importe quel morceau puisque la plateforme propose plusieurs millions de morceaux !

DÉLICIEUSE MUSIQUE

delicieuse-musique.com
@delicemusique

Pour découvrir chaque jour un artiste à travers sa musique et une description de son univers !

SOUNDERBOX

sounderbox.com • @SounderBox

Le premier juke-box collaboratif et interactif. Une application qui permet aux personnes d'un même espace de partager de la musique et de la diffuser.

QUELQUES FILMS ET SÉRIES POUR LE DIMANCHE

LE DIMANCHE, ON ÉVITE DE TRAVAILLER ET ON N'HÉSITE PAS À SE DÉTENDRE UN PEU. UN FILM, UNE SÉRIE ? QUELLE BONNE IDÉE !

PIRATES OF SILICON VALLEY
MARTYN BURKE

Ce film relate les débuts de la micro-informatique individuelle aux Etats-Unis. Il met en scène la rivalité entre Steve Jobs et Bill Gates. Il raconte comment Macintosh a besoin des logiciels de Microsoft pour réussir tout en espérant que le Mac OS ne soit pas piraté par Microsoft.

STARTUP KID
SESSELJA VIHJALMSDOTTIR ET VALA HALLDORSDOTTIR

Ce documentaire traite des jeunes entrepreneurs du web aux Etats-Unis et en Europe. Il contient des interviews des fondateurs de Vimeo, WordPress, Soundcloud, Dropbox, etc.

THE SOCIAL NETWORK
DAVID FINCHER

Ce film relate les débuts de la création du réseau social Facebook et des relations de Mark Zuckerberg avec son entourage.

TRIUMPH OF THE NERD HAPPYNESS
ROBERT X. CRINGELY

Ce documentaire en trois épisodes est une chronique sur l'émergence de l'informatique de 1970 à 1995 avec l'arrivée de Windows 95.

AVIATOR
MARTIN SCORSESE

Ce film biographique retrace 20 ans de la vie d'Howard Hughes, casse-cou et riche homme d'affaires passionné par le cinéma et les avions.

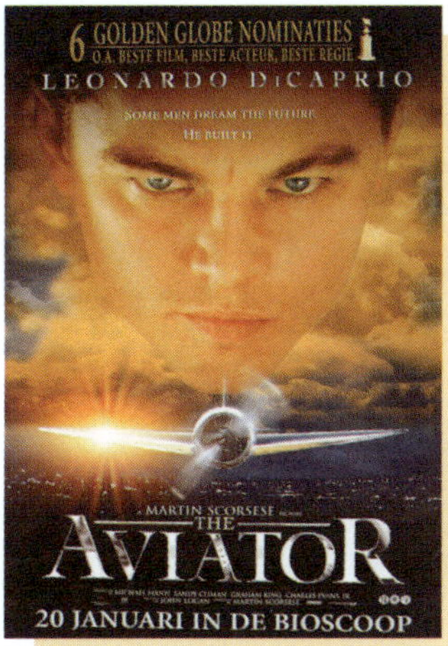

LE CERCLE DES POÈTES DISPARUS
PETER WEIR

Ce film retrace la vie de Todd Anderson, qui ayant fait la rencontre d'un professeur de lettres à l'université, décide de redonner vie à un groupe d'esprits libres refusant le conformisme : le cercle des poètes disparus auquel avait appartenu par le passé le professeur.

JIRO DREAMS OF SUSHI
DAVID GELB

Ce documentaire sur Jiro Ono, un chef japonais de 85 ans récompensé de 3 étoiles au Michelin, présente l'art de faire des sushis. Une métaphore intéressante de la perfection et de la passion

ITINÉRAIRE D'UN ENFANT GÂTÉ
CLAUDE LELOUCH

Ce film retranscrit l'itinéraire de Sam Lion incarné par Jean Paul Belmondo, reconverti après un accident de trapèze en chef d'entreprise. La cinquantaine passée il décide de disparaître avant de revenir à la tête de l'entreprise grâce à un ancien salarié.

ATTACHMENT
TONY KAYE

Cette série de 26 épisodes relate le quotidien de jeunes entrepreneurs ayant créés une entreprise sur internet au moment de l'apparition du .com.

OBJECTIFIED
GURY HUSTWIT

Un documentaire qui explore la relation entre les hommes, les objets et les designers. Le film est le second d'une série de trois films composé du documentaire Helvetica au sujet de la typographie et Urbanized traitant de l'architecture et du design urbain.

MAD MEN
MATTHEW WEINER

Dans le New York des années 60, focus sur Don Draper, un publiciste à succès qui affectionne le whisky et les Lucky Strikes. Une série finement réalisée qui parvient à retranscrire toute l'effervescence de l'Amérique du milieu du XXIème siècle.

QUELQUES BD ET LIVRES
POUR NE PAS PERDRE LE FIL

LA BIBLIOTHÈQUE IDÉALE

POUR TE DÉTENDRE, N'OUBLIE PAS LE BON VIEUX LIVRE AU COIN DE LA CHEMINÉE (OU NON). POUR VOYAGER SANS BOUGER DE CHEZ TOI ET FAIRE PASSER LE TEMPS DANS LES TRANSPORTS.

ETHIQUE À NICOMAQUE
ARISTOTE

Ouvrage d'Aristote qui traite de l'éthique, c'est à dire l'ensemble des conceptions morales qui dictent ses actes à un individu. L'auteur y lie éthique et politique, et aborde plusieurs domaines philosophiques : l'amitié, le plaisir, la vertu, le bonheur, et l'activité volontaire.

JONATHAN LIVINGSTON LE GOËLAND
RICHARD BACH

Ce roman est une métaphore de l'anticonformisme ; c'est l'histoire d'un goéland qui rompt avec le modèle dominant. Ce livre est intéressant pour les personnes travaillant sur des problématiques liées à l'innovation.

MANGEZ-LE SI VOUS VOULEZ
JEAN TEULÉ

C'est l'histoire vraie d'Alain de Monéys, un aristocrate dévoré par des villageois dans le Périgord. En 1870, la France est en pleine guerre contre la Prusse. Alain de Monéys aurait dit au milieu du marché « Vive la République », il a beau démentir, la rumeur s'accélère, il se fait alors dévorer par la foule qui est largement acquise à l'empereur Napoléon 3. Ce livre est intéressant car il illustre la puissance de la rumeur et la rigueur que ce doit d'avoir le communiquant.

THE TIPPING POINT
MALCOM GLADWELL

Dans son œuvre, Gladwell explique le changement en se basant sur l'épidémiologie. Il propose une nouvelle approche du changement, et tente de comprendre pour quelles raisons le changement est souvent si rapide et inattendu. Sa réflexion est basée sur le principe même que la vie se comporte comme une épidémie, puisqu'on ne peut jamais réellement prévoir ses effets. Une bonne approche pour appréhender le changement !

NOTES DU LECTEUR

① CHANGER LE MONDE
JEAN-MARC JANCOVICI

Jean-Marc Jancovici discute au sujet des énergies renouvelables, notamment l'éolien et le solaire photovoltaïque. Il explique la nécessité d'un nouveau projet de société tourné vers une société « décarbonnée ». Il explique les problèmes liés à la dépendance aux énergies fossiles et les conséquences que cela pourrait avoir.

② ENTREPRENEURZ
GRANDJEAN – PIPER

Entrepreneurz est la première Bande Dessinée humoristique consacrée à l'entrepreneuriat et au développement personnel. Ces deux entrepreneurs atypiques vont suivre leur rêve malgré les critiques et les échecs.

③ LE COURAGE D'ÊTRE SOI
JOSEPH SALOMÉ

Diplômé en psychiatrie sociale, Joseph Salomé initie le lecteur à l'art de communiquer, pour un bien-être avec autrui et surtout avec soi-même. Il propose quelques repères pour, entre autres, explorer les zones d'ombre de notre personnalité.

④ LE BONHEUR DES DAMES
EMILE ZOLA

Ce roman de Zola retrace l'arrivée de Denise Baudu à Paris et l'émergence des grands magasins, dans lesquelles elle sera employée. Ce roman livre une véritable leçon de marketing romancée !

⑤ L'ART DE LA GUERRE
SUN TZU

Le grand classique d'un sage chinois qui dépeint le summum de l'art du stratège. La guerre que l'on doit faire n'est pas forcément celle que l'on croit.

⑥ L'HOMME QUI VENDAIT DE LA GLACE AUX ESQUIMAUX
CONOR WOODMAN

C'est l'aventure de Conor Woodman, un cadre dans une grande entreprise anglaise, qui se demande « Serais-je capable de mener l'existence des marchands de jadis ? ». Il décide alors de changer de vie et part d'Angleterre avec 50 000$ dans le but de faire du commerce autour du monde. Avec ces 50 000$ il va acheter de la marchandise dans un pays pour la revendre dans un autre. Cette aventure lui fera vendre des planches de surf à des mexicains, du thé à des japonais, des chameaux soudanais à des égyptiens, etc. Ce livre est une aventure passionnante qui présente différentes manières de faire du commerce autour du monde.

⑦ SA MAJESTÉ DES MOUCHES
WILLIAM GOLDING

Ce livre relate l'histoire d'enfants livrés à eux même sur une île ; il apporte un éclairage intéressant sur les rapports entre êtres humains et sur les mécanismes de pouvoir et de commandement.

SUN TZU
L'art de la guerre
MILLE.ET.UNE.NUITS

(5)

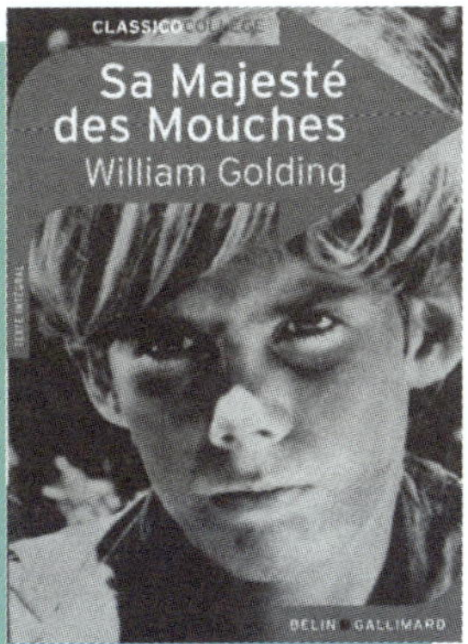
CLASSICOCOLLÈGE
Sa Majesté des Mouches
William Golding
BELIN GALLIMARD

(7)

GRANDJEAN - PIPER
ENTREPRENEURZ
Tome 1 : Parcours Atypique
POINTEROLLE

(2)

CONOR WOODMAN
L'HOMME QUI VENDAIT DE LA GLACE AUX ESKIMOS
La joie de l'échange et l'art du commerce
JCLattès

(6)

Zola
Au Bonheur des Dames
Préface de Jeanne Gaillard
Édition d'Henri Mitterand
folio classique

(4)

JEAN-MARC
JANCOVICI
CHANGER LE MONDE
Tout un programme !
calmann-lévy

(1)

JACQUES
SALOMÉ
LE COURAGE D'ÊTRE SOI
Une charte du mieux-être avec soi-même et les autres
POCKET

(3)

HOLY DAYS
BIEN MÉRITÉS

CAPITAINE TRAIN

capitainetrain.com
@capitainetrain

Capitaine Train, c'est la nouvelle application pour réserver tes billets de train en un clic, sans prise de tête. Une interface minimaliste pour une expérience utilisateur simplifiée et agréable. Réserve tes billets parmi les grandes compagnies telles que la SNCF, Lyria, Eurostar, Thalys ou DB Bahn.

GEEKS ON A PLANE

geeksonaplane.com
@geeksonaplane

Que dis-tu de partir en voyages avec d'autres geeks et passionnés de l'entrepreneuriat comme toi ? 500 Startups et un fonds d'investissement américain, te proposent de voyager et de découvrir le monde avec d'autres entrepreneurs et investisseurs : au programme, des grandes villes mondiales à visiter, des personnalités à rencontrer, et plein de partages de connaissances et d'expériences. Une façon confortable de travailler son réseau.

DIGITAL DETOX

thedigitaldetox.org

La vie d'entrepreneur est éprouvante ? Souffle un bon coup et opte pour une solution radicale : Digital Detox, les vacances garantie 100% sans high-tech. Au milieu d'une nature sauvage, abandonne téléphones, ordinateurs, agendas et contraintes, et ressent à nouveau la quiétude d'un lieu coupé du reste du monde. Bon, c'est aux Etats-Unis, mais au moins c'est rustique et sauvage. Retrouve l'ours qui vit en toi !

CAMPGROUNDED

campgrounded.org

Tu es nostalgique de tes années colo ? Besoin de repos, de soirées au coin du feu et de nuits à la belle étoile ? Campgrounded organise pour toi des summer camps aux Etats-Unis qui vont te ramener tout droit dans tes plus belles années.

BURNING MAN

burningman.com • @burningman

Le Burning Man, c'est un gigantesque pantin de bois planté au milieu du désert de Black Rock dans le Nevada. Une semaine durant, fin août, plus de 60 000 personnes se retrouvent autour de cet individu pour des manifestations artistiques et autres délires mystiques, sur la base d'un principe simple : tout le monde est là pour partager et s'amuser dans la bonne humeur. La semaine déjantée se termine, bien évidemment, par le « burn » du pantin de bois haut d'une trentaine de mètres. D'où le nom de l'événement. Une institution aux États-Unis.

NOTES DU LECTEUR

VOILA ... C'EST ... LA FIN

QUELQUE CHOSE À AJOUTER ?
CES QUELQUES PAGES SONT POUR TOI ...

☐ ADRESSE ☐ BON PLAN ☐ SITE GÉNIAL ☐ AUTRE

☐ ADRESSE ☐ BON PLAN ☐ SITE GÉNIAL ☐ AUTRE

☐ ADRESSE ☐ BON PLAN ☐ SITE GÉNIAL ☐ AUTRE

☐ ADRESSE ☐ BON PLAN ☐ SITE GÉNIAL ☐ AUTRE

☐ ADRESSE ☐ BON PLAN ☐ SITE GÉNIAL ☐ AUTRE

NOTES COMPLÉMENTAIRES DU LECTEUR

NOTES COMPLÉMENTAIRES DU LECTEUR

☐ ADRESSE ☐ BON PLAN ☐ SITE GÉNIAL ☐ AUTRE

☐ ADRESSE ☐ BON PLAN ☐ SITE GÉNIAL ☐ AUTRE

☐ ADRESSE ☐ BON PLAN ☐ SITE GÉNIAL ☐ AUTRE

☐ ADRESSE ☐ BON PLAN ☐ SITE GÉNIAL ☐ AUTRE

☐ ADRESSE ☐ BON PLAN ☐ SITE GÉNIAL ☐ AUTRE

☐ ADRESSE ☐ BON PLAN ☐ SITE GÉNIAL ☐ AUTRE

☐ ADRESSE ☐ BON PLAN ☐ SITE GÉNIAL ☐ AUTRE

REMERCIEMENTS

3 SPONSORS BIENVEILLANTS

Aymard de Scorbiac, Mazars
Emilie Sabouraud, Mazars
Audrey Hatton, Mazars

Patrick Ramon, August & Debouzy

Wandrille Lefebvre, Fnac Pro

7 CONTRIBUTEURS À LA PETITE ÉTOILE

Robin Jeannel de Tiersant, Jeremy Steinberg,
Côme Sibieude, Marie Moley, Saber Benjima, Timothy Bellaiche

1 PHOTOGRAPHE OMNIPRÉSENT

François Tancré, EventPixr

6 RELECTEURS POINTILLEUX

Laureline Ruano-Barbalan, Marc Bengué, Laurent Carle,
Corine Lucas, Pierre Peuvion, Gwenola Joubert

CE LIVRE VOUS A PLU ?

STARTUPBACKPACK.CO

Si vous aimez ce livre, le meilleur moyen de nous aider à le produire est de nous aider à faire en sorte qu'il reste un recueil complet, à jour, fait par et avec la communauté en :

- achetant une version papier exclusive de cet ouvrage,
- nous aidant à développer une prochaine version complète et à jour,
- et bien sûr en en parlant tout autour de vous.

Nous comptons sur le soutien de la communauté. Vous êtes passés entre les mailles de notre filet ! Quel dommage. Si vous souhaitez y être pour la prochaine édition, n'hésitez pas à nous le dire.

Nous réalisons régulièrement des modifications et sollicitons vos feedback sur nos différents réseaux et notre site internet. Suivez-nous et aidez-nous à bâtir la prochaine édition.

facebook.com/StartupBP

CE LIVRE VOUS EST PROPOSÉ PAR :

MADDYNESS

LA PETITE ÉTOILE

EN PARTENARIAT AVEC :

MAZARS

AUGUST & DEBOUZY

FNAC PRO

Distributeurs exclusifs

LA PETITE ETOILE
12 rue de l'Etoile, 75017 Paris / *margauxderhy@lapetiteetoile.fr*

MADDYNESS
226 rue Saint Denis, 75002 Paris / *julien@maddyness.com*

ISBN 978-2-9547960-0-0 Dépôt légal : Février 2014

« Backpack », composé et mis en page par des amoureux de la scène startup à Paris sur une maquette de Claire-Lise Bengué & Studio 3 Pièces, a été achevé d'imprimer en Aout 2014 sur les presses de l'imprimerie Clerc à Saint Amand Montrond.
« imprimé en France »